I0045858

LA
JUSTICE DE PAIX

EN ITALIE & EN FRANCE

ESSAI DE LÉGISLATION COMPARÉE

PAR

E. FAY

LICENCIÉ EN DROIT

Juge de paix du canton de Chamonix (Haute-Savoie)

CHAMBÉRY

TYPOGRAPHIE E. D'ALBANE, PLACE SAINT-LÉGER

1873

LA

JUSTICE DE PAIX

EN ITALIE ET EN FRANCE

©

LA
JUSTICE DE PAIX
EN ITALIE & EN FRANCE

ESSAI DE LÉGISLATION COMPARÉE

PAR

E. FAY

LICENCIÉ EN DROIT

Juge de paix du canton de Chamonix (Haute-Savoie)

CHAMBÉRY

TYPOGRAPHIE E. D'ALBANE, PLACE SAINT-LÉGER

1873

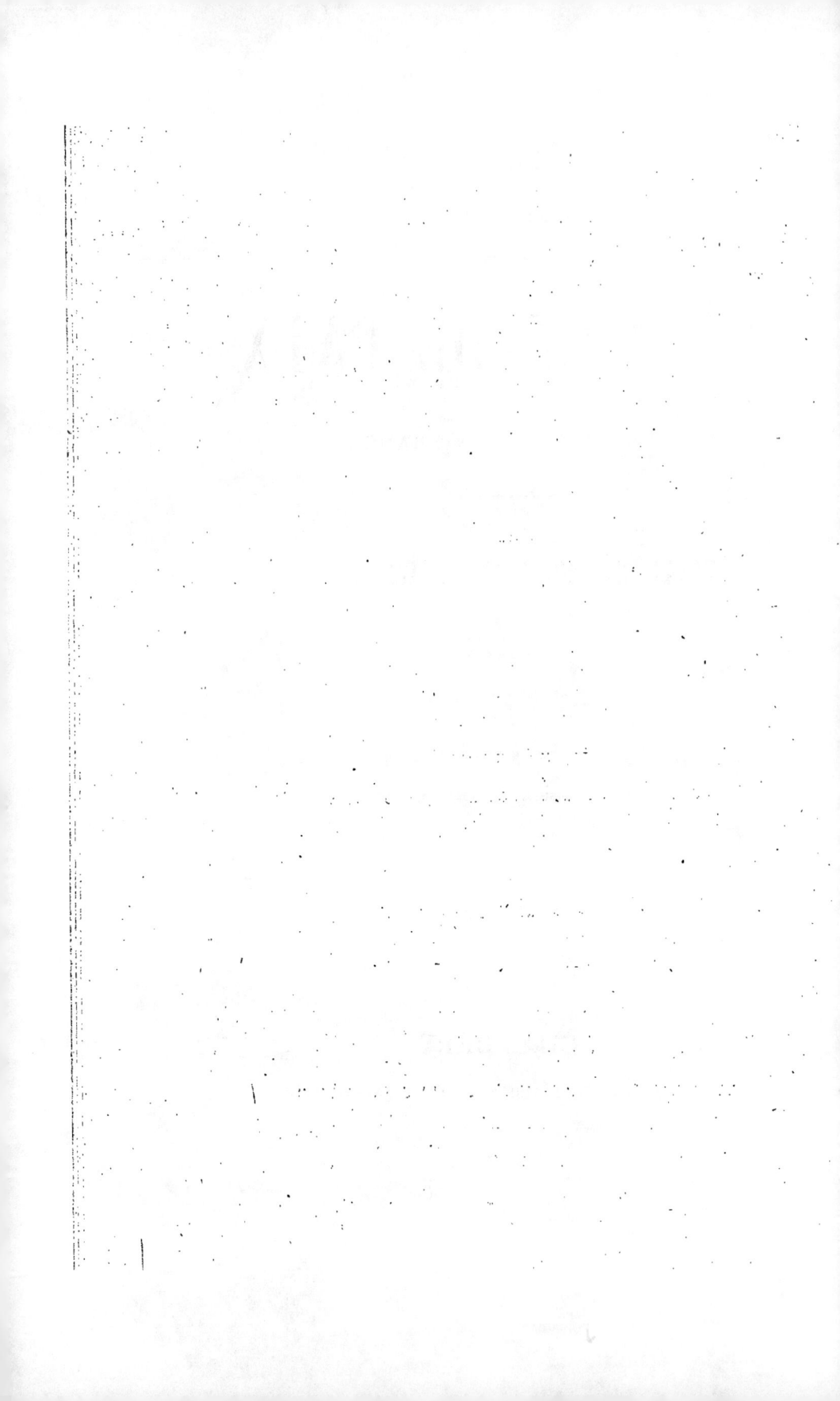

JUSTICE DE PAIX

EN ITALIE ET EN FRANCE

Lorsque l'Italie a vu son unité s'accomplir, elle a immédiatement songé à donner une législation uniforme à ses diverses provinces. Leur imposer la législation sarde, c'eût été les froisser, nuire à l'œuvre de l'unification et porter atteinte au principe du suffrage universel, qui veut que les populations ne soient régies que par les lois qu'elles ont elles-mêmes votées.

Le législateur italien s'est mis à l'œuvre en 1864, en élaborant un nouveau Code civil et un nouveau Code de procédure civile. Pour faire ce dernier Code, il a puisé un certain nombre de dispositions dans les diverses législations italiennes, notamment dans le Code sarde de 1859, et il a fait de nombreux et importants emprunts à la *Loi sur la procédure du canton de Genève.*

Lorsqu'en 1814 ce canton fut rendu à son indépendance, il voulut modifier la législation française, qui l'avait régi depuis 1798. Il commença par le Code de procédure, qui était le plus imparfait, le moins adapté à ses habitudes et à ses besoins, et fit paraître, le 29 septembre 1819, une loi sur la procédure civile, dans laquelle il refondit le Code de procédure français, en lui faisant subir de nombreuses et heureuses modifications, que l'Italie s'est appropriées dans sa nouvelle législation.

Nous ne voulons pas examiner le Code de procédure italien en entier, nous voulons simplement donner un aperçu de l'institution judiciaire qui est pour l'Italie ce que nous appelons en France la Justice de Paix, et comparer ces deux institutions.

Les fonctions de juge de paix sont exercées en Italie par deux magistrats : 1° le conciliateur; 2° le préteur.

TITRE PREMIER

DES CONCILIATEURS

CHAPITRE PREMIER

NOTIONS HISTORIQUES SUR LA CONCILIATION

Le gouvernement napolitain réalisa le premier, en Europe, l'idée philanthropique, émise par Guillaume Penn, d'une magistrature destinée à prévenir les procès et à les terminer à l'amiable. Il nomma dans chaque commune un juge municipal chargé de concilier les procès et même de statuer sur les contestations de minime valeur. En 1808, on promulgua dans ce royaume l'organisation judiciaire et le Code de procédure civile calqués sur la loi française du 24 avril 1790 et sur le Code français de 1806. Bien que l'institution des juges de paix eût beaucoup amélioré et élevé les conditions de la justice locale, les populations napolitaines regrettèrent la perte de la juridiction communale, qui statuait sur les contestations de minime valeur, qui jugeait ces causes avec une autorité paternelle, économie de temps et d'argent, et sans formalités. De tous côtés des plaintes s'élevèrent, et le gouvernement d'alors, qui relevait de l'empire français et qui avait reçu l'ordre de Napoléon Ier de ne rien changer à la législation issue de la Révolution française, ce gouvernement fut obligé de céder aux instances des populations, et accorda, soit aux maires, soits aux adjoints communaux, une partie des attributions des juges de paix.

Lorsque le gouvernement des Bourbons fut rétabli sur le trône de Naples, il refondit les Codes d'origine française, promulgua le Code des Deux-Siciles et maintint l'institution des magistrats municipaux qui était si chère aux populations. (L. 29 mai 1817.)

Cette institution produisit d'excellents résultats pendant un demi-siècle, et lorsqu'en 1864, l'Italie voulut faire un Code de procédure, les députés de l'ex-royaume de Naples s'empressèrent de demander le maintien de cette institution, ce qui leur fut accordé malgré l'opposition d'un grand nombre de députés d'autres provinces peu amateurs des innovations. Depuis 1864 cette institution a fait ses preuves et s'est établie définitivement dans l'organisation judiciaire de l'Italie. (FOSCHINI. *Motivi del codice di procedura civile.*)

L'idée de confier l'office de conciliateur à un magistrat, dans chaque commune, est excellente. Le juge de paix (ou le préteur) n'a pas une grande influence sur ses justiciables, desquels il est généralement peu connu. C'est un homme officiel qui n'a pas le mérite d'être choisi par les parties. Le conciliateur communal a une influence beaucoup plus directe sur ses justiciables; il est ordinairement l'homme le plus instruit et le plus honnête de sa commune, celui qui inspire le plus de confiance.

Il connaît à fond les plaideurs qui se présentent devant lui et sait par quels moyens on peut les amener à une conciliation. Il est bien nommé par le roi, mais sur une liste de trois candidats présentée par le Conseil municipal, de sorte qu'en réalité, on peut le considérer comme nommé par ses concitoyens (1).

En France, la conciliation fut organisée par la loi du 24 août 1790 qui confia aux juges de paix la mission de concilier les procès. Malheureusement on donna à un acte qui, par sa nature, doit être volontaire, spontané, un caractère obligatoire, qui fit que cet *essai forcé* de conciliation dégénéra bientôt en une vaine formalité. Des lois fiscales vinrent ajouter encore aux vices de l'institution; l'essai de conciliation fut commandé sous peine d'amende, et les parties durent l'acheter à prix d'argent. Aussi voyons-nous, en 1806, la plupart des Cours d'appel attaquer vivement les bureaux de conciliation. Elles ne réussirent pas à faire modifier la législation sous ce rapport, parce que, en France, les lois qui ont un caractère fiscal ne s'abrogent pas facilement. Le gouvernement demanda une nouvelle expérience, qui dure encore et ne semble pas vouloir finir.

En 1815, le législateur genevois abandonna l'essai forcé de conciliation et adopta l'essai libre et gratuit. Il

---

(1) Nous avons souvent renvoyé des justiciables à se concilier devant le maire de leur commune, lorsque nos efforts étaient vains, et nous avons pu constater la grande influence exercée par ces fonctionnaires sur leurs administrés, car jamais une tentative de conciliation faite par un maire n'a échoué.

chargea les maires de concilier les parties sans frais.
Cette disposition législative fut maintenue dans la loi
de procédure du 29 septembre 1819, article 6 (1).

Le législateur italien a adopté le mode de conciliation
en usage à Genève (2). Il n'a pas voulu rendre obligatoire la tentative de conciliation, parce que, lorsqu'elle
est imposée, elle manque à son but et dégénère en une
vaine formalité ; elle est presque toujours considérée par
les parties comme un moyen de se présenter devant
la justice sans payer une amende, comme un passeport
qui ne peut leur être refusé. A cette règle il a admis
une exception qu'il a empruntée aussi à la législation
genevoise; il a considéré qu'il y a des cas exception-
nels dans lesquels la qualité des personnes, la nature
de la cause, l'intérêt des familles, exigent impérieuse-
ment que l'on fasse une tentative de conciliation avant
que les esprits soient aigris par un débat judiciaire;
les récriminations mutuelles et la publicité qui ordinairement les accompagne, formeraient un obstacle insur-
montable à la conciliation. C'est pourquoi il a rendu
obligatoire la tentative de conciliation dans le cas de
demande en séparation de corps (art. 806 et 808). Il aurait dû, comme Genève, rendre aussi obligatoire la
tentative de conciliation dans le procès entre ascen-

---

(1) Le législateur de Genève n'a pas été très-satisfait de
l'essai libre, à ce qu'il paraît, car une loi du 30 novembre
1842 a rendu obligatoire l'essai de conciliation en matière
d'actions immobilières (Art. 103).
(2) Avant le 30 novembre 1842.

dants et descendants. Cette disposition (art. 5 de la loi de 1819), que le législateur genevois a puisée dans le Droit romain (L. 4 § 1 Dig. *de in jus vocando*), est dans l'intérêt des mœurs et dans celui des familles; elle est destinée à étouffer à leur naissance des procès dont la publicité n'est jamais sans scandale, par l'oubli qu'ils supposent de devoirs sacrés, et qui sont toujours les plus acharnés et ceux qui produisent les plus funestes conséquences.

Il y a d'autres cas, au contraire, où l'on ne peut sérieusement espérer concilier les parties que lorsqu'elles sont déjà en instance, qu'elles doutent de la légitimité de leurs prétentions, ou bien lorsqu'elles ont déjà jeté tout leur feu dans une plaidoirie contradictoire, ou bien encore lorsque leur irritation est déjà calmée par la reconnaissance d'une partie de leurs prétentions et qu'elles redoutent de plus amples frais. C'est en vue de ces cas que le Code italien (417, 464) veut que les conciliateurs et les préteurs, dans les causes de leur compétence, après avoir entendu les parties, tentent de les concilier avant de prononcer le jugement.

Cette disposition, bien que non écrite dans les lois françaises, est cependant suivie en France et produit d'excellents résultats. La justice que les parties se rendent vaut toujours mieux que la justice officielle rendue par des magistrats. Les parties ont pour se guider la conscience qui est un juge qui ne se trompe jamais; le magistrat, lui, est obligé de juger sur des apparences souvent trompeuses, et d'après certaines règles qui ne le conduisent pas toujours dans le chemin de la vérité.

Le législateur italien n'a pas étendu cette disposition aux Tribunaux et aux Cours d'appel, parce que les procès portés devant ces juridictions sont confiés à des hommes de loi généralement peu disposés à la conciliation.

L'idée de concilier les procès est très-bonne en elle-même, mais elle peut aussi produire de mauvais résultats. Le rôle du juge conciliateur est, en effet, fort délicat. « Qu'il se garde, dit Bellot, dans l'*Exposé des motifs de la loi sur la procédure civile du canton de Genève*, qu'il se garde, dans la ferveur de son zèle, de pousser ses instances jusqu'à l'importunité, d'arracher à l'ignorance, à la timidité, à la crainte de passer pour dur et processif, le sacrifice de droits évidents ; de se prévaloir des aveux échappés dans l'abandon de l'entretien ; qu'il se garde de menacer jamais de son autorité de juge : la conciliation ne serait plus qu'un piége, elle n'offrirait plus qu'un nouvel appât à la chicane. Alors *la perspective d'obtenir, par une conciliation, une partie tout au moins de ce qu'un jugement aurait rejeté*, ferait hasarder plus d'une demande qui, sans cet espoir, n'aurait jamais été introduite. La conciliation deviendrait une affaire de calcul et de spéculation de la part de quelques plaideurs. Le juge conciliateur donnerait lieu, par son zèle même et contre son intention, à des demandes sans légitime fondement ; il contribuerait, à son insu, à accroître le nombre des procès. »

C'est malheureusement ce qui arrive trop souvent en France, dans les affaires de la compétence des juges de paix ; certains de ces magistrats, qui ne sont pas à la hauteur de leur position, trouvent qu'il est plus commode d'opérer une conciliation par des moyens blâmables que d'instruire et de juger une contestation quelque peu difficile. Cette façon d'agir ne saurait en rien leur nuire, car les parquets considèrent comme les meilleurs juges de paix ceux qui font le plus de conciliations, sans s'informer de quelle manière ils les opèrent.

CHAPITRE DEUXIÈME.

ORGANISATION DE LA JURIDICTION DES CONCILIATEURS

Il y a, dans chaque commune, un ou plusieurs conciliateurs, suivant les besoins du service. Ils sont nommés par le roi, sur une liste de trois candidats proposés par le Conseil municipal. Leurs fonctions, purement honorifiques, durent trois ans, à l'expiration desquels ils peuvent être confirmés dans leur charge.

Lorsque le conciliateur d'une commune est absent ou empêché, il est remplacé par le conciliateur de la commune la plus voisine, et à défaut de celui-ci, par le préteur.

Les fonctions de greffier sont remplies par le secrétaire communal ou l'un de ses commis. S'ils sont absents, le conciliateur les remplace par un individu majeur, capable et jouissant de ses droits politiques, lequel prête serment de remplir, en homme d'hon-

neur et de conscience, les fonctions qui lui sont confiées.

Le conciliateur peut vaquer à ses fonctions tous les
jours, même les dimanches et les fêtes ; il tient ses
audiences ordinaires dans une salle de la mairie ou
dans un autre local fourni par la municipalité ; dans
les cas d'urgence, il peut entendre les parties et juger
leurs différends dans son habitation, en tenant les
portes ouvertes quand il ne s'agit pas de conciliation.

Les registres du conciliateur, le mobilier de la salle
d'audience, les dépenses de bureau, sont à la charge
de la commune.

Les conditions exigées pour être nommé conciliateur
sont peu nombreuses. Il suffit : 1° d'être âgé de vingt-
cinq ans accomplis ; 2° de demeurer dans la commune ;
3° d'être inscrit sur la liste des électeurs communaux.

CHAPITRE TROISIÈME.

COMPÉTENCE DES CONCILIATEURS EN MATIÈRE DE CONCILIATION

Les conciliateurs ont deux attributions : ils sont appelés à juger, sans observer les formes générales de la
procédure, les procès de minime valeur et de facile
solution ; ils doivent, en outre, toutes les fois qu'ils en
sont requis, s'interposer pour concilier les procès.

Examinons d'abord leur rôle comme conciliateurs, et voyons quelles sont les dispositions du Code de procédure sur ce sujet.

ARTICLE 1er. — Les conciliateurs, *quand ils en sont requis*, doivent s'occuper de concilier les procès. (Art. 48 du Code de procéd. civ. franç.)

ART. 2. — La conciliation peut avoir lieu quand les parties ont la capacité de disposer des objets sur lesquels porte la contestation et lorsqu'il ne s'agit pas d'une matière dans laquelle les transactions sont défendues.

La conciliation faite par un tuteur ou un autre administrateur, ou par celui qui ne peut librement disposer des objets qui font la matière du procès, ne produit son effet que lorsqu'elle a été approuvée dans les modes établis pour la transaction.

Les conciliations sur le faux, proposé en voie civile, n'ont point d'effet si elles ne sont pas homologuées par l'autorité judiciaire, le Ministère public entendu. (Cod. fr., art. 49.)

ART. 3. — La requête pour la conciliation est faite même verbalement au conciliateur de la commune dans laquelle une des parties que l'on veut appeler en conciliation a sa résidence, son domicile ou sa demeure, ou bien dans laquelle se trouve la chose contestée.

ART. 4. — Les avis aux parties pour les conciliations sont écrits par le greffier, qui indique dans ces avis l'objet et le jour de la comparution.

L'appariteur de la commune (*il messo del commune*) notifie ces avis en en laissant copie à la personne, ou à la résidence, ou au domicile, ou à la demeure, et le greffier indique sur l'original la notification qui a été faite. Les avis originaux sont remis au demandeur. (Code français, art. 50; loi du 25 mai 1838, art. 17, modifié par la loi du 2 mai 1855.)

ART. 5. — Les parties peuvent se faire représenter dans les conciliations par une personne munie d'un mandat authentique et exprès pour cet objet.

Si aucune d'elles ne comparaît à l'heure et au jour indiqués, on n'admet plus d'autre demande en conciliation, à moins qu'elle ne soit faite par toutes les parties. (Cod. fr., art. 53.)

Art. 6. — Lorsque les parties se sont conciliées, on dresse un procès-verbal qui renferme la convention.

Le procès-verbal est signé par les parties, le conciliateur et le greffier.

Si les parties ou l'une d'elles ne peuvent signer, on en fait mention en en donnant le motif.

Si l'une des parties refuse de signer, la conciliation est considérée comme non-avenue.

S'il n'y a pas conciliation, le greffier en fait mention dans un registre à ce destiné. (Cod. fr., art. 54.)

Art. 7. — Quand l'objet de la conciliation n'excède pas la valeur de trente francs, le procès-verbal de conciliation est exécutoire contre les parties qui ont comparu ; à cet effet le conciliateur peut autoriser l'expédition de la copie dans la forme établie pour les sentences.

Si l'objet de la conciliation excède la valeur de trente francs, ou si la valeur est indéterminée, l'acte de conciliation a seulement force d'écriture privée reconnue en justice (C. fr., art. 54).

L'acte de conciliation est exécutoire lorsqu'il porte sur une valeur moindre de trente francs, parce que, comme on le verra plus tard, les conciliateurs sont compétents en matière contentieuse jusqu'à cette somme. La loi, dans ce cas, considère l'acte de conciliation comme une décision du juge dans les limites de sa compétence en matière contentieuse. Cette disposition a été empruntée à la loi genevoise du 30 novembre 1842, art. 99.

Lorsque l'objet de l'acte ne rentre pas dans les limites de la compétence du conciliateur, la loi n'accorde à l'acte conciliatoire que la force d'une écriture privée reconnue en justice. Il semble que c'est trop ou trop peu. En effet, le conciliateur ne pouvant être considéré comme juge, puisque l'objet de la conciliation dépasse les limites de sa compétence, aurait dû être considéré comme un simple médiateur, et la loi n'aurait pas dû donner au procès-verbal la force d'une écriture privée *reconnue en justice*. D'un autre côté, la loi considérant le conciliateur comme juge (puisqu'elle donne à l'acte conciliatoire la force d'un écrit privé *reconnu en justice*), aurait dû donner au procès-verbal de conciliation la force exécutoire d'une décision judiciaire.

Le législateur a pensé que la conciliation ne servirait à rien, si on ne donnait à l'acte les qualités d'un titre incontestable et qu'il faudrait ensuite un procès pour faire déterminer ce qui a été convenu en conciliation.

L'art. 54 du Code français, en n'attribuant à l'acte de conciliation que la force d'une obligation privée, est plus rationnel, mais moins soucieux de l'intérêt des parties.

CHAPITRE QUATRIÈME

DE LA COMPÉTENCE DES CONCILIATEURS EN MATIÈRE CONTENTIEUSE.

Art. 70. — Sont de la compétence des conciliateurs toutes les actions personnelles civiles ou commerciales, relatives à des biens mobiliers dont la valeur n'excède pas trente francs.

Sont aussi de la compétence des conciliateurs les actions relatives aux locations des biens immeubles si le loyer ou la cense n'excède pas cette valeur pour toute la durée de la location.

Les difficultés relatives aux impositions directes ou indirectes sont exclues de la compétence des conciliateurs.

La loi, en donnant aux conciliateurs, desquels elle n'exige aucune connaissance juridique, une compétence en matière contentieuse et en leur confiant la connaissance des actions dont il s'agit dans cet article, a considéré que la matière des obligations est celle où l'on applique le plus les principes d'équité naturelle, qui sont connus de tout homme de bon sens et qui forment en lui un critérium juridique qui le rend capable de statuer sur les difficultés qui s'élèvent en pareille matière.

Elle leur a donné une compétence en matière de location de biens immeubles pour faire profiter les populations rurales du bienfait d'une procédure simple et économique ; elle a considéré ces questions comme faciles parce qu'elles portent presque toujours sur les rapports des parties contractantes et ne mettent presque jamais en cause les droits des tiers, ce qui compliquerait la question et exigerait des connaissances juridiques pour la trancher.

Les contestations relatives aux impôts sont de la compétence des Tribunaux de première instance, dont les membres sont *inamovibles*. Ils sont compétents même en matière d'impôts directs, parce qu'en Italie la règle sur la séparation des pouvoirs n'existe pas.

SECTION Ire. — *Instruction des causes.*

ART. 448. — Devant les conciliateurs, les procès sont instruits sans formalités. Les demandes et les défenses sont exposées verbalement.

ART. 449. — Celui qui veut appeler en cause un garant, doit le faire dans le délai pour comparaître, ou dans celui que le conciliateur lui accorde, sinon l'instance en garantie est séparée de la cause principale.

ART. 450. — Au jour fixé pour la comparution (1) le demandeur présente les titres sur lesquels il fonde sa demande.

ART. 454. — Quand le conciliateur juge à propos d'entendre d'autres témoins, de faire une vérification ou d'ordonner une expertise, il donne les dispositions nécessaires au moyen d'une ordonnance, en fixant le jour et l'heure où devra se faire l'acte ordonné.

De la même manière, il nomme un autre expert, si une des parties reproche le premier pour des motifs fondés.

---

(1) ART. 147. — Le terme, pour comparaître devant les conciliateurs et les préteurs ne peut être moindre :

1° De deux jours, si le lieu où l'on donne la citation et celui où l'on doit comparaître sont dans le territoire de la même commune ;

2° De trois jours, si le lieu de la citation et celui de la comparution sont dans des communes diverses du même canton ;

3° De quatre jours, si le lieu de la citation et celui de la comparution sont dans des cantons limitrophes ;

4° De six jours, si le lieu de la citation et celui de la comparution sont dans des cantons non-limitrophes, mais compris dans la juridiction du même Tribunal civil ;

5° De dix jours, si le lieu de la citation et celui de la comparution sont dans des juridictions limitrophes de Tribunaux, ou dans la juridiction de la même Cour d'appel.

Dans tous les autres cas, le délai pour comparaître devant les conciliateurs et les préteurs est réglé par les numéros 4 et 5 de l'article suivant.

ART. 148. — Le terme pour comparaître devant les Tribu-

Quand le défendeur en fait la demande, le conciliateur peut lui accorder un délai pour répondre ou pour produire des titres.

Le conciliateur examine les titres, après avoir entendu les parties dans leurs observations.

ART. 451. — Aux interrogatoires faits par une partie à l'autre, on répond immédiatement, lorsque le conciliateur les reconnaît admissibles.

ART. 452. — Lorsqu'un serment est déféré, le conciliateur en précise la formule et fait constater le serment prêté dans un procès-verbal signé par celui qui a prêté le serment, le conciliateur et le greffier.

ART. 453. — Lorsqu'il y a lieu d'entendre des témoins, le conciliateur fixe l'audience où aura lieu leur audition. Les témoins sont entendus séparément, après avoir préalablement prêté serment, lors même qu'ils seraient reprochés, sauf à tenir compte des motifs de reproche dans l'appréciation de leurs dépositions.

Si les témoins sont nécessaires et si pour cause d'empêchement légitime ils n'ont pas comparu à l'audience, le conciliateur peut en différer l'audition pendant quelques jours.

---

naux civils ou de commerce et devant les Cours d'appel, doit être au moins :

1°... 2°... 3°... 4° De vingt jours si le lieu de la citation et celui de la comparution sont dans des juridictions de Tribunaux non limitrophes, mais dans des juridictions limitrophes de Cour d'appel ;

5° De vingt-cinq jours, dans tous les autres, sauf les délais plus grands fixés par l'article 150.

ART. 150. — Le terme pour comparaître devant les autorités judiciaires du royaume, quand on est domicilié dans un Etat limitrophe, est de quarante jours.

Si l'Etat n'est pas limitrophe, mais s'il est situé en Europe, le terme est de quatre-vingt-dix jours.

Si l'Etat n'est pas situé en Europe, le terme est de cent quatre-vingts jours.

ART. 455. — On ne fait aucun acte ou procès-verbal de l'instruction, excepté les cas indiqués dans les articles précédents et celui où un titre est argué de faux.

Dans ce dernier cas, le conciliateur agit suivant l'article 406.

Cet article est ainsi conçu : « Quand un titre est impugné comme faux, le président (il s'agit du président du Tribunal de commerce) le transmet, après l'avoir signé, au Procureur du roi près le Tribunal civil, et renvoie les parties à audience fixe, devant ce Tribunal, pour qu'il soit statué sur l'incident de faux. »

SECTION II. — *De l'Incompétence.*

ART. 456. — L'exception d'incompétence, soulevée par une des parties, ne suspend pas le cours de l'instance, si le conciliateur ne la croit pas fondée. Dans ce cas, le conciliateur doit expliquer sa manière de voir dans un simple acte et en transmettre copie au préteur du mandement, lequel prononce sur l'incident.

La sentence définitive du conciliateur ne peut s'exécuter tant que le préteur n'a pas prononcé sur l'incident.

Lorsque le préteur déclare l'incompétence, l'instance devant le conciliateur est tenue pour non-avenue.

Le législateur n'a pas voulu confier la solution des questions de compétence aux conciliateurs, parce que ces questions sont généralement fort difficiles et exigent de la part du juge chargé de les résoudre une connaissance approfondie du Droit.

ART. 457. — Les parties peuvent faire parvenir au préteur leurs mémoires et leurs titres.

La sentence du préteur est expédiée d'office, par copie, au conciliateur.

ART. 458. — Lorsque le conciliateur croit fondée l'exception d'incompétence proposée par la partie, ou bien, lorsque l'exception n'étant pas soulevée par une partie, il se reconnaît incompétent en raison de la matière ou de la valeur, il indique, au moyen d'un simple acte, les motifs de sa manière de voir, et en transmet copie, suivant l'article 456.

Le cours de l'instance reste suspendu tant que le préteur n'a pas statué sur l'incident.

Art. 459. — Lorsque l'incident sur l'incompétence, élevé par les parties, n'a pas été soumis au préteur, ou lorsque le préteur n'a pas élevé d'office l'incident de l'incompétence, en raison de la matière ou de la valeur, les parties peuvent appeler de la sentence, et l'appel n'a pas d'effet suspensif.

La partie qui veut appeler en fait la déclaration au greffier du conciliateur, dans le terme de trois jours à partir de la notification de la sentence.

Le greffier écrit la déclaration et en délivre une copie qui doit être notifiée à l'autre partie, dans les trois jours suivants.

Le tout à peine de nullité.

Le greffier transmet immédiatement copie de la déclaration d'appel et de la sentence au préteur ; on observe la disposition de l'article 457.

L'exception portée par ces articles à la règle que les sentences des conciliateurs sont inappelables, se justifie par cette raison que les questions de compétence intéressent l'ordre public.

Le préteur statue sur l'incompétence, annule, s'il en est le cas, la décision du conciliateur, mais il ne peut évoquer le fond du procès.

Section III. — *Des sentences et de leur exécution.*

Art. 460. — La sentence définitive du conciliateur doit contenir l'indication des nom et prénoms, du domicile ou de la résidence des parties, les demandes et les exceptions, les *circonstances déterminantes* et le dispositif.

Les formes de la sentence du conciliateur sont simples et peu nombreuses. On ne pouvait, en effet, exiger des formes compliquées de ce magistrat qui, dans la plupart des communes, est un homme qui juge avec son seul bon sens et n'a aucune notion de Droit. Aussi la loi ne l'a-t-elle pas astreint à donner les motifs de sa décision en suivant la méthode ordinaire, et n'a-t-elle exigé de lui que l'indication, sous n'importe quelle forme, des circonstances qui l'ont déterminé à décider dans un sens plutôt que dans un autre.

Art. 461. — L'expédition de la sentence est faite par le greffier dans les formes exécutoires établies pour les autres sentences.

Art. 462. — Les sentences prononcées dans les instances contradictoires sont exécutoires deux jours après la notification.

Art. 463. — L'exécution est suspendue si une personne solvable promet de payer, dans le délai de six jours, la somme et les frais de l'instance.

La caution est reçue au moyen d'un procès-verbal du greffier, et, passé le délai, on peut exécuter contre elle, sans qu'il soit besoin de notification ou d'ordre, et en aucun cas cette exécution ne peut être suspendue.

Art. 464. — La procédure devant les conciliateurs pour tout ce qui n'est pas réglé expressément par ce chapitre, est réglée par les dispositions du chapitre précédent, en tant qu'elles sont applicables.

Toutefois, une instance suspendue est périmée au bout de six mois, à partir du dernier acte.

Le conciliateur, dans l'exercice de ses fonctions, ne peut infliger une peine plus forte que celle d'une amende de cinq francs (1).

---

(1) Le canton du Valais possède une juridiction identique à celle des conciliateurs, celle des juges de commune. Son organisation et ses attributions sont réglées par le Code de procédure. Art. 1er. Il y a dans chaque commune un juge et un juge substitut..... Art. 2. Deux ou plusieurs communes peuvent avoir le même juge.... Art. 7. Les juges de commune ont les attributions suivantes : Ils sont chargés du préliminaire de la conciliation dans toutes les causes civiles qui ne sont pas dispensées de cette formalité ;

Ils connaissent, sans appel, de toutes les causes mobilières et immobilières dont la valeur n'excède pas trente francs, ainsi que des exceptions préliminaires qui s'y rattachent ;

Ils accordent la signature des exploits concernant les poursuites pour dettes, l'opposition à ces poursuites, les saisies réelles et les séquestres ;

Ils sont chargés de l'apposition et de la levée des scellés ;

Ils font dresser les inventaires judiciaires ;

Ils opèrent les saisies réelles.

Depuis 1430 jusqu'en 1822, nous avons eu, en Savoie, une juridiction qui ressemblait beaucoup à celle des conciliateurs : nous voulons parler de la juridiction des châtelains, créée par le duc Amédée VIII, l'auteur des *Statuta Sabaudiæ*, le plus célèbre législateur de son époque. Le canton ou mandement était divisé en un certain nombre de châtellenies qui comprenaient plusieurs communes; les procès de peu d'importance, qui s'élevaient dans ces châtellenies, étaient soumis à la décision d'un juge appelé *châtelain*. Ce magistrat devait être pris, autant que possible, parmi les notaires ; à défaut de notaires, on nommait « une personne de probité et des plus capables. » Il devait, avant d'entrer en fonctions, subir un examen devant le juge-mage (président du Tribunal), et prêter serment d'exercer

Le chapitre précédent, dont parle cet article, est celui que nous allons examiner, et qui traite de la procédure devant les préteurs.

---

fidèlement son office. Il était sous la surveillance du juge de mandement. Sa compétence était, en dernier lieu, réglée par les Royales Constitutions, livre II, titre VI, article 1 et suivants.

ART. 1ᵉʳ. — Les châtelains qui ne sont pas juges ordinaires (juges de mandement) devront ouïr et décider, dans le territoire de leur châtellenie, les causes des salaires dus aux ouvriers, celles des nourrices, des servantes, des misérables, des orphelins et autres semblables, comme aussi toutes celles qui sont modiques et brèves, et que l'on peut expédier sans actes, ou sans connaissance judiciaire.

ART. 2. — On décidera ces causes sans écrit, ni retardement frustratoire, mais par le moyen du serment déféré ou référé par les parties, s'il y échet, ou de la manière la plus sommaire que faire se pourra.

ART. 3. — Ils connaîtront aussi des contestations qui naîtront entre les paysans, sur les changements des bornes, ou autres dommages qu'ils prétendront leur avoir été faits en leurs biens et en la perception des fruits, et après avoir pris le sentiment des gens de biens non suspects et des plus experts en matière de bornes et de terrains, ils pourvoiront ainsi que de justice.

Art. 4. — Dans les causes qui exigent connaissance judiciaire, ou dans les susdites en cas qu'elles excèdent la somme ou la valeur de quarante livres (la livre de Piémont valait 1 fr. 185 — 40 livres valaient 47 fr. 40 cent.) et que le défendeur requière d'être renvoyé au juge ordinaire du lieu, ils ne décideront rien, et renverront les parties par devant lui à jour certain non férié, pour obtenir justice, sous peine de nullité et du remboursement des dommages et dépens.

Indépendamment de cette compétence en matière civile, ils avaient encore une compétence assez limitée en matière de simple police et ils étaient officiers de police judiciaire.

Cette juridiction fut supprimée par l'édit du 27 septembre 1822 sur l'organisation des tribunaux.

SÈCTION V. — *Du tarif pour les actes de la compétence des conciliateurs.*

Pour bien faire comprendre les bienfaits de la juridiction des conciliateurs, et surtout pour bien faire voir combien les procès intentés devant ces magistrats sont peu dispendieux, nous croyons devoir donner ici le tarif pour les actes de la compétence des conciliateurs. (Décret royal du 23 décembre 1865.)

Des droits dus aux greffiers des conciliateurs, aux appariteurs de commune; des honoraires des experts et des indemnités aux témoins et aux parties dans les causes intentées devant les conciliateurs.

I. — Pour tout procès-verbal de conciliation, quel que soit le nombre des parties qui y figure 0.50

II. — Pour toute sentence définitive ou déclarant l'incompétence du conciliateur 0.60

III. — Pour toute copie d'actes ou de procès-verbaux, et pour l'expédition de procès-verbaux de conciliation ou de sentence, et pour chaque rôle 0.20

Lorsque la copie aura la forme exécutoire et qu'il faudra l'annoter sur les registres prescrits par la loi, il sera dû en sus un droit de 0.25

IV. — Pour le procès-verbal de vente des effets mobiliers saisis, l'affiche pour annoncer cette vente au public, et pour les copies relatives à cette vente et, si le cas se présente, pour le rapport d'expertise énoncé dans l'article 628 du Code de procédure civile, la moitié des droits attribués au greffier du préteur déléguant, et desquels il est question dans les numéros 25, 26, 28, 79 du titre II de ce tarif.

25—Pour le rapport d'expertise des joyaux, objets d'or et d'argent et autres à vendre, y compris le serment de l'expert :

2 francs, dont la moitié est de 1.00

Si le rapport excède quatre rôles, il sera, en outre, dû pour chaque rôle excédant, le droit de 0,50 centimes, dont la moitié est de 0.25

26 — Pour la rédaction de l'affiche destinée à annoncer au public la vente des biens meubles, 1 fr. 50, dont la moitié est de 0.75

Pour chaque copie nécessaire aux notifications et publications, les greffiers ne pourront exiger un droit de copie supérieur à 30 centimes, dont la moitié est de.... 0.15

28 — Pour le procès-verbal d'enchères et de vente le droit sera en raison des vacations.

79 — Pour toute copie ou extrait de sentence, d'ordonnance, de procès-verbaux et de tout autre acte judiciaire, pour chaque rôle ayant le nombre voulu de lignes et de syllabes, 30 cent., dont la moitié est de 0.15

Tous les actes énumérés dans le numéro IV doivent être écrits sur papier timbré.

V.— Pour les procès-verbaux d'apposition et de levée de scellés, la moitié du droit fixé pour les greffiers du préteur et indiqué dans les numéros 50 et 65 du titre II du tarif.

50 — Pour toute apposition de scellés, description d'objets sur lesquels les scellés ne peuvent être mis ou qui sont nécessaires à l'usage des personnes de la maison, y compris les mesures d'urgence pour les choses qui peuvent se détériorer et la vérification dans le cas de rupture prévu par l'article 862 du Code de procédure :

Si l'opération demande moins de trois heures, 6 fr., dont la moitié est de 3.00

Lorsqu'on emploiera un temps plus long, il sera dû un droit en raison des vacations.

65 — Pour le procès-verbal de levée de scellés, si on emploie moins de deux heures, 4 francs, dont la moitié est de 2.00

Si on emploie un temps plus long, on exigera un droit en raison des vacations.

VI. — Pour toute notification d'avis pour conciliation, de citation aux parties, témoins et experts, par billet ou par citation verbale, et pour toute notification de sentence, ou pour tout autre acte, les appariteurs de commune auront un droit fixe de.................... 0.30

Lorsqu'ils devront se transporter hors de la commune à une distance plus grande que deux kilomètres et demi de la maison communale, le droit sera augmenté de 0.30

Les copies des sentences à notifier seront faites par les greffiers, celles des avis par les appariteurs de commune, lesquels ne pourront rien exiger de plus que le droit établi ci-dessus.

VII. — Pour n'importe quelle expertise faite devant la juridiction des conciliateurs :

Si les experts sont cultivateurs ou simples artisans, le droit sera déterminé par le conciliateur et pourra varier entre 0,50 centimes et 2 francs, suivant les circonstances de la cause.

Si les experts sont arpenteurs, mesureurs, géomètres, architectes, ou s'ils exercent d'autres arts libéraux, le droit sera fixé par le conciliateur, à deux francs au minimum et quatre francs au maximum, suivant les circonstances de la cause.

VIII. — Il n'est dû aucune indemnité aux témoins.

Toutefois, les conciliateurs pourront, lorsque ces témoins n'ont d'autre ressource pour vivre que leur travail journalier, leur accorder une indemnité de 50 c. à 3 francs, en tenant compte du prix de leur journée et du temps par eux employé.

Le montant des taxes de trois témoins peut être admis en répétition dans la liquidation définitive des dépens.

IX. — Pour la présence des parties ou de leurs mandataires aux audiences des conciliateurs, s'ils demeurent à une distance de cinq kilomètres de la commune où siége le conciliateur, et si les mandataires ne représentent pas des parties demeurant dans cette commune, ils pourront porter en taxe une somme de 50 c. à 3 francs, en tenant compte des circonstances spéciales de la cause et de la condition des personnes, pourvu toutefois que les vacations aient été admises par le préteur à l'audience.

On n'admettra jamais plus de deux vacations.

En dehors des droits sus-énoncés, les greffiers et les appariteurs ne pourront rien exiger pour n'importe quel acte de leur compétence.

Tous les actes des conciliateurs, sauf l'acte de conciliation sur une difficulté d'une valeur supérieure à 30 francs, et les actes énumérés dans le numéro IV, sont exempts de toute taxe : ils sont écrits sur papier libre et dispensés de l'enregistrement. Il en est de même pour les sentences du préteur relatives à la compétence des conciliateurs dans les cas prévus par les articles 108, 456 et 457 du Code de procédure. (Art. 182 et 183 du règlement général judiciaire italien.)

En Italie, un justiciable, en exposant 0,90 cent. de frais, peut faire condamner son adversaire à lui payer 30 fr.; en France, pour obtenir une condamnation à la somme d'un franc, il faut exposer 30 francs.

TITRE II

DE LA JURIDICTION DES PRÉTEURS

CHAPITRE PREMIER

ORGANISATION DES PRÉTURES

SECTION Iʳᵉ. — *Des préteurs.*

Il ne suffit pas à une nation d'avoir une législation bien faite, il lui faut encore, pour l'appliquer, une magistrature impartiale et éclairée. Le législateur italien a compris toute l'importance d'une bonne organisation judiciaire ; aussi, par la loi du 6 décembre 1865 (*Legge sull'ordinamento giudizario e sugli stipendi*), a-t-il exigé de ceux qui veulent entrer dans la magistrature une honorabilité incontestable et de nombreuses preuves de capacité.

Pour être nommé préteur, il faut : 1° être citoyen italien ; 2° avoir l'exercice de ses droits civils ; 3° être âgé de 25 ans ; 4° avoir fait un stage d'une année en qualité d'auditeur ; 5° avoir subi avec succès un examen sur la pratique judiciaire.

Pour être nommé auditeur, il faut : 1° être docteur en droit ; 2° avoir réussi à un concours. Les aspirants au concours doivent présenter leur demande, appuyée de pièces justificatives, au procureur du roi près le Tribunal dans le ressort duquel ils habitent. Ce magistrat prend des renseignements sur la conduite et la réputation des aspirants et les transmet au procureur général, qui prend encore des informations, s'il en est le cas, et envoie au ministre une liste des demandes avec un résumé du résultat des informations. Le ministre détermine quels sont les aspirants admis au concours.

Le concours a lieu par écrit devant un comité institué auprès de chaque cour d'appel et composé de deux membres de la cour désignés par le premier président, et d'un membre du ministère public nommé par le procureur général. Il dure trois jours et porte sur cinq matières : le premier jour est consacré au droit civil ; le second, au droit commercial et à la procédure civile ; le troisième, au droit pénal et à la procédure criminelle. Les questions sont choisies par une commision nommée par le ministre de la justice et composée de magistrats, de professeurs de droit et d'avocats. Le concours terminé, le ministre de la justice envoie les compositions des aspirants à cette commission, qui délibère sur le mérite de ces travaux et les renvoie ensuite au ministre avec un tableau sur lequel les aspirants sont classés d'après le nombre de voix obtenues.

La nomination des auditeurs est faite par le ministre

de la justice dans la limite des postes vacants. Si le nombre des aspirants admis par la commission surpasse le nombre des postes disponibles, la préférence est donnée à ceux qui ont obtenu le plus grand nombre de voix, et, dans le cas de parité de voix, sont préférés les plus âgés ou ceux qui ont un diplôme plus ancien. Les aspirants qui, par insuffisance de postes, ne peuvent être nommés de suite auditeurs, sont nommés, dans l'ordre indiqué au tableau, aux postes qui deviennent vacants pendant les années suivantes, pourvu qu'ils ne se laissent pas devancer par des aspirants plus méritants.

Comme il a été dit ci-dessus, les auditeurs doivent, avant d'être nommés préteurs, faire un stage d'une année et ensuite passer un examen écrit et oral sur la pratique judiciaire devant une commission réunie chaque année dans les villes où siégent les cours d'appel, et composée d'un président de section (de chambre) et de deux conseillers choisis par le premier président, d'un avocat général et d'un substitut-procureur général, désignés par le chef du parquet.

Toutes les années, le premier président, de concert avec le procureur général, formule, en vue de cet examen, trois espèces (*fattispecie*) juridico-contentieuses pour chacune des matières civile, commerciale et pénale. L'examen écrit dure trois jours ; chaque jour les aspirants tirent au sort une espèce de chaque série, formulent les questions qui constituent la matière de la cause, les discutent et les mettent sous la forme d'un jugement en suivant les règles des codes de procédure civile et pénale. Le quatrième jour on lit les travaux de chaque candidat, et les membres de la commission leur font les objections qu'ils jugent convenables ; les candidats répondent de vive voix. Les compositions des candidats et le procès-verbal contenant le nombre de voix obtenues par chacun d'eux sont envoyés au ministre de la justice avec le tableau des candidats classés d'après le nombre de voix obtenues. Ceux qui réussissent à cet examen obtiennent un certificat de capacité, conservent la qualité d'auditeur et en exercent les fonctions jusqu'à ce qu'ils soient nommés préteurs.

L'auditorat n'est pas exigé d'une manière absolue pour entrer dans la préture, car les vice-préteurs cantonaux, docteurs en droit, après quatre ans d'exercice ; les avocats, docteurs en droit, après cinq ans d'exercice effectif de leur profession ; les avoués et les notaires, docteurs en droit, après huit ans d'exercice, peuvent être nommés préteurs. Toutefois, les vice-préteurs, les avocats qui n'exercent pas leur profession depuis sept ans, les avoués et les notaires, doivent, avant d'être nommés, subir l'examen sur la pratique judiciaire qui est exigé des auditeurs.

Pour être nommé vice-préteur cantonal, il faut : 1° être citoyen italien ; 2° avoir la jouissance de ses droits civils ; 3° être âgé de 21 ans accomplis ; 4° avoir rempli les conditions requises pour être admis à l'exercice de la profession d'avocat, ou bien être notaire et exercer en cette qualité depuis trois ans.

Indépendamment des vice-préteurs cantonaux, il peut y avoir, dans les communes qui ne sont pas chef-lieu de canton, un vice-préteur communal, qui peut être en même temps conciliateur, et qui exerce dans sa commune les fonctions d'officier de police judiciaire attribuées au maire, et toutes celles qui lui sont déférées par des lois spéciales. Il n'est pas appelé à remplacer le préteur ; on ne s'explique pas bien l'utilité de cette fonction.

Avant d'entrer en fonctions, ces magistrats prêtent serment « d'être fidèles au roi, d'observer loyalement la constitution et toutes les lois du royaume et de remplir en hommes d'honneur et de conscience les fonctions qui leur sont confiées. »

Les préteurs, ainsi que les greffiers et les huissiers, sont tenus de résider dans le chef-lieu du canton.

Au point de vue du traitement, les préteurs sont divisés en trois classes : 1re classe (1[4) à 2,200 fr.; 2e classe (1[4) à 2,000 fr.; 3e classe (2[4) à 1,800 fr.

Le gouvernement italien élabore en ce moment une loi qui augmentera le traitement des préteurs.

Ces magistrats ne sont pas inamovibles, mais ils ne peuvent être condamnés à aucune peine disciplinaire sans être entendus ; ils dépendent, au point de vue de l'action disciplinaire, des tribunaux de première instance.

Le préteur peut avoir un ou plusieurs vice-préteurs, qui sont appelés non-seulement à le remplacer quand il est absent ou empêché, mais encore à l'aider dans l'accomplissement de ses fonctions lorsque le nombre des affaires l'exige. Si le préteur et les vice-préteurs sont tous absents ou empêchés, le service de la préture est fait par le préteur ou vice-préteur du canton le plus voisin et faisant partie de la circonscription territoriale du même tribunal. Enfin, si les besoins du service l'exigent, le président du tribunal, sur la requête du procureur du roi, peut nommer, pour suppléer temporairement le préteur et le vice-préteur, un auditeur ou un vice-préteur d'un canton dépendant de sa juridiction.

Dans les villes d'une population supérieure à 40,000 habitants et où se trouvent établies plusieurs prétures, on peut nommer un *préteur urbain* chargé uniquement de juger les affaires pénales dans les limites de la compétence et du territoire des préteurs de la même ville.

Le préteur remplit les fonctions de :

1° Juge en matière civile et commerciale : il connaît de toutes les actions personnelles et réelles, mobilières et immobilières, dont la valeur n'excède pas quinze cents francs ; il statue aussi sur les actions possessoires et sur d'autres actions dont la connaissance lui est attribuée par la loi ; il connaît de toutes les affaires urgentes qui, en France, font l'objet d'une instance en référé devant le président du tribunal. (1)

_____

(1) Le législateur a pensé, avec raison, que le préteur étant le juge le plus rapproché des justiciables et des lieux litigieux, était le plus à même de rendre une prompte justice. Après avoir pris une connaissance sommaire des faits de la cause, le préteur ordonne, s'il en est le cas, des mesures provisionnelles et renvoie les parties devant lui ou devant le tribunal compétent pour statuer sur le fond de la cause. Lorsque le droit du demandeur lui paraît douteux, il peut ordonner qu'il donnera caution avant de faire exécuter les mesures provisionnelles. Il peut autoriser une saisie-séquestre ou saisie conservatoire (926-927) non pas seulement dans les cas limitativement prévus par les articles 417 et 172 du Code de com. fr., mais dans tous les cas où un créancier

2° Juge en matière pénale : le Code de procédure pénale lui attribue la connaissance non-seulement des contraventions de simple police, mais encore des délits punissables de la peine de l'emprisonnement, *du confin, de l'exil local* d'une durée non supérieure à trois mois, ou punissables de la peine de l'amende, seule ou prononcée en même temps que lesdites peines corporelles et ne s'élevant pas au-dessus de 300 fr. (art. 11);

3° Officier de police judiciaire : en cette qualité il est chargé de l'instruction de tous les délits et crimes, qu'ils soient flagrants ou non.

Il a, en outre, des attributions extra-judiciaires qui sont déterminées par le Code civil et des lois spéciales.

Il connaît de l'exécution de ses jugements, mais seulement lorsque l'exécution porte sur les meubles, créances, etc.

Après avoir étudié l'organisation des prétures en Italie, examinons l'organisation des justices de paix en France.

---

a de justes motifs de craindre la fuite de son débiteur ou la disparition de son gage.

Il faut être juge de paix d'un canton situé sur la frontière pour bien comprendre l'utilité de cette compétence attribuée aux préteurs. — Un étranger s'établit dans une commune française, y fait des dettes et passe la frontière en emportant ses effets, marchandises, meubles, etc. Au moment du départ ses créanciers demandent au juge de paix l'autorisation de saisir les effets de ce débiteur; le juge se déclare incompétent et renvoie ces créanciers devant le Président du tribunal; ceux-ci n'ayant pas le temps matériel de se présenter utilement devant ce magistrat, refusent de croire que la justice reste désarmée en pareille circonstance et accusent le juge de mauvaise volonté.

Cette juridiction a été créée par la loi du 24 août 1790, qui n'a exigé des aspirants à cette magistrature aucune condition de capacité. A cette époque l'on croyait que « tout homme de bien, pour peu qu'il eût d'expérience et d'usage, pouvait être juge de paix. » (Paroles de Thouret à la Constituante.) On donnait, au détriment des fonctions de juge, une importance excessive aux fonctions de conciliateur. Cette loi n'attribuait, il est vrai, qu'une compétence très-limitée aux juges de paix ; mais en leur confiant la connaissance des actions possessoires et des exceptions d'incompétence, elle soumettait à leur décision des questions fort délicates, qui demandent du juge chargé de les résoudre une connaissance approfondie du Droit. Elle croyait leur confier une tâche facile en ne leur donnant qu'une compétence très-restreinte, mais elle oubliait que la complication d'une cause ne dépend pas de la somme réclamée. Celle-ci peut être très-considérable sans que la cause offre pour cela de sérieuses difficultés. Au contraire, les faits les plus embrouillés, les questions de droit les plus difficiles peuvent s'élever sur les intérêts les plus faibles. De même, les intérêts que l'on croit les plus faibles sont quelquefois les plus importants. L'importance d'une cause, en effet, doit se régler, non pas sur la valeur nominale de la somme qui en fait l'objet, mais uniquement sur l'intérêt des parties. Une cause où il s'agit de 1,000 francs formant le capital ou le revenu entier d'un individu, offre un plus grand intérêt, est plus importante que la cause où il ne s'agit que d'une partie du revenu annuel d'un riche plaideur, fût-il question de 100,000 francs.

Depuis 1790, de nouvelles lois, notamment celle du 25 mai 1838, ont considérablement étendu la compétence des juges de paix sans exiger de ces magistrats des preuves de capacité. Le projet de loi sur l'organisation judiciaire, qui s'élabore en ce moment, continue à marcher dans cette mauvaise voie, et ne demande à ceux qui aspirent à une justice de paix la preuve d'aucune instruction , pas même un certificat de grammaire ! Des études approfondies, des examens rigoureux sont demandés du médecin, de l'avocat, de l'avoué , qui ne peuvent exercer leur profession sans avoir donné des preuves publiques de capacité. Et pour l'application et l'interprétation de la loi, pour prononcer sur nos intérêts les plus chers, sur nos biens, sur notre honneur, notre liberté, pour la plus difficile, la plus importante des fonctions, celle de rendre la justice, on n'exige rien ! Il n'est qu'un état en France pour lequel l'apprentissage n'est pas nécessaire, et cet état est le premier de tous ! Dans toute carrière le talent ne se développe qu'à la longue : il est le fruit du maître et de la pratique. Il n'en est pas ainsi pour le juge de paix ; chez lui le talent est inné, et son développement spontané ! L'Assemblée nationale reconnaît qu'il faudrait bien exiger au moins le diplôme de licencié en Droit des aspirants à la justice de paix, mais elle y renonce sous prétexte que « le budget ne peut aujourd'hui pourvoir à l'augmentation du crédit indispensable pour trouver des candidats en nombre suffisant parmi les licenciés en droit. » Cette raison est-elle la véritable ? Qu'on examine ce qui se passe en Italie, où les conditions de capacité exigées sont bien plus nombreuses qu'elles ne le seraient en France si l'on se bornait à exiger la licence en droit et où l'on trouve des préteurs ayant un traitement qui varie entre 1,800 et 2,200 francs ! Pourquoi, en France, où le maximum de traitement est beaucoup plus élevé, ne trouverait-on pas des juges de paix licenciés en droit ?...

Ne voudrait-on pas suivre les errements des précédents gouvernements qui se défiaient beaucoup des jeunes avocats ?.... l'instruction inspire de l'indépendance !... Ne leur préférerait-on pas des juges nommés par la faveur et dont la reconnaissance serait en raison directe de l'incapacité ? Jusqu'à ce jour, ces magistrats portés sur le siége par la faveur ne pouvant briller par leurs lumières ont brillé par un dévouement à toute épreuve au gouvernement qui les a nommés... L'intérêt des justiciables ? Qu'importe !

Les licenciés en droit se présenteraient nombreux si l'on rendait à cette magistrature le prestige qu'elle a perdu. Pour cela il faudrait ne jamais plus nommer juges de paix des commissaires de police, des gendarmes (1); ordonner aux magistrats des parquets de considérer les juges plutôt comme des collaborateurs

---

(1) La police, par la nature de ses fonctions et surtout par la manière dont elles sont généralement remplies, a quelque chose d'odieux qui la rend partout impopulaire. On a essayé de la relever aux yeux de l'opinion publique, mais tous les efforts ont été inutiles. En France, l'Empire a tenté d'en faire une magistrature, mais le bon sens du peuple a refusé de faire une semblable confusion.

que comme des agents sous leurs ordres, et ne plus
avoir vis-à-vis d'eux ces allures hautaines et superbes
qui ne sont pas faites pour donner à ces juges une haute
idée de leur dignité (1). On devrait aussi les rendre
indépendants de la gendarmerie!.. Dans toutes les
administrations, il y a pour surveiller les employés
inférieurs, des inspecteurs, des contrôleurs.... qui
prennent des renseignements, les vérifient, les con-
trôlent. Ce sont des gens qui agissent avec tact, prudence, modération, impartialité. Pour le juge de paix
on a pensé que ce fonctionnaire pourrait être remplacé
par un gendarme ! Admirable organisation ! L'inférieur,
le surbordonné, contrôle, surveille et apprécie son supérieur ! De quelle indépendance le juge de paix peut-il
jouir vis-à-vis des gendarmes puisqu'ils ont son sort,
son avancement, entre leurs mains ? Comment peut-il
remplir vis-à-vis d'eux ses devoirs ?.... Et s'il les
remplit....? La haine est-elle une passion inconnue aux
gendarmes?... Reçoivent-ils des grâces d'état si puis-
santes qu'un désir de vengeance ne puisse naître dans
leurs cœurs ???...

Et, ce qui est plus grave, le juge de paix peut être
condamné sans être entendu : les rapports de la gendarmerie ne lui sont pas communiqués, ils restent dans
les sombres caselles des parquets. En donner commu-

_____

(1) L'auteur ne parle pas par expérience personnelle : il
n'a jamais eu que d'excellents rapports avec les magistrats du
parquet qui ont été en relation avec lui ; il est heureux de saisir
cette occasion pour leur rendre cet hommage.

nication ne serait-ce pas mettre en doute leur exactitude et commettre une grave irrévérence vis-à-vis de la gendarmerie ! La dignité de la magistrature?.... Avant tout, le respect de la police !

Les parquets devraient renoncer à ce moyen — très-commode, mais fort peu digne — d'avoir des renseignements sur les juges de paix et exercer eux-mêmes une surveillance directe sur ces magistrats. Ils devraient surtout porter leur attention sur ces juges improvisés, qui n'ont jamais ouvert un code, que l'on a enlevés à la charrue, ou que l'on est allé chercher dans une caserne ou un arrière-magasin; entendre les murmures des justiciables, et voir la pression que ces magistrats exercent sur les parties pour les concilier et se dispenser ainsi de les juger.

En Italie ces abus n'existent pas; aussi on y voit comme préteurs des hommes d'élite, qui recherchent dans leurs fonctions, non pas un gros traitement, mais une position très-honorable et l'occasion fréquente de faire le bien.

En France le juge de paix n'est pas obligé de résider dans le chef-lieu de canton qui est ordinairement la commune la plus centrale, celle où il se trouverait le plus à la portée des justiciables; il peut habiter une commune située à l'extrémité du canton.

En cas d'absence ou d'empêchement, il est remplacé par le premier des deux juges suppléants, ou par le second, si le premier est absent ou empêché.

Avant d'entrer en fonctions et chaque fois qu'il change de résidence (!) il prête serment « de bien et fidèlement remplir ses fonctions, de garder religieusement le secret des délibérations (?) et de se conduire en tout comme un digne et loyal magistrat. »

Le juge de paix peut être blamé par le parquet et révoqué par le chef de l'Etat sans être entendu : il est appelé à se défendre lorsqu'il est passible des peines disciplinaires qui sont prononcées par le tribunal de première instance.

Il remplit les fonctions de :

1° Juge en matière civile : la loi du 25 mai 1838 et d'autres lois plus récentes déterminent sa compétence. Suivant l'article 1er de cette loi, il connaît de toutes les actions purement *personnelles* ou *mobilières*, en dernier ressort jusqu'à la valeur de cent francs, et à charge d'appel jusqu'à la valeur de deux cents francs.

Les articles suivants et les autres lois étendent considérablement cette compétence dans des cas déterminés que nous n'examinerons pas. Le juge de paix n'a aucune compétence en matière commerciale, ni en matière immobilière.

2° Juge en matière de simple police : il statue sur les contraventions punissables de peines de simple police, peines qui ne peuvent dépasser quinze francs d'amende et cinq jours d'emprisonnement. Dans les villes siéges de plusieurs justices de paix, un des juges, à tour de rôle, remplit pendant une année les fonctions de juge de police qu'il cumule avec celles de juge de paix. Il statue sur les contraventions qui se commettent dans la juridiction territoriale de tous les juges de paix de cette ville.

3° Officier de police judiciaire : il ne peut constater

d'office les crimes et délits que lorsqu'ils sont flagrants
ou lorsqu'il est requis par un chef de maison (?). Dans
les autres cas, il doit attendre les ordres du parquet
ou une commission rogatoire du juge d'instruction.

Il a en outre des attributions extra-judiciaires déterminées par le Code civil et des lois spéciales.

Il ne connaît pas de l'exécution de ses jugements.

SECTION IIe. — Des greffiers.

Il y a auprès de chaque préteur un greffier et, si les
besoins du service l'exigent, un ou plusieurs commis-
greffiers. Les greffiers sont nommés par décret royal
et ne sont pas propriétaires de leur charge, car en
Italie la vénalité des charges n'existe pas. Pour être
nommé greffier d'une préture, il faut : 1° être âgé de 21
ans ; 2° avoir fait un stage de trois ans en qualité d'élève
greffier, ou de deux ans en qualité de scribe ; 3° produire un certificat de diligence et de bonne conduite
délivré par le greffier auprès duquel le stage a été fait ;
4° subir un examen de capacité devant une commission
nommée à cet effet avant d'entrer en fonctions. Les
greffiers prêtent le serment exigé de tous les fonctionnaires de l'ordre judiciaire.

Les greffiers et commis-greffiers sont payés par
l'Etat. Les premiers sont divisés en quatre classes :
la première classe (1\5) a un traitement de 1,800 fr.;
la deuxième classe (1\5) a un traitement de 1,600 fr.;
la troisième classe (1\5) a un traitement de 1,400 fr.; la
quatrième classe (2\5) a un traitement de 1,200 fr.

Les commis-greffiers sont divisés en trois classes : la première classe (1[4) a un traitement de 1,000 fr.; la deuxième classe (1[4) a un traitement de 900 fr.; la troisième classe (2[4) a un traitement de 800 fr.

Les greffiers perçoivent pour le *compte du trésor* les droits de greffe dont ils retiennent le dix pour cent, qui est ensuite réparti de la manière suivante : la moitié est dévolue au greffier, l'autre moitié est répartie en parts égales entre les commis-greffiers. S'il n'y a qu'un commis-greffier, les trois quarts appartiennent au greffier et le surplus au commis-greffier; enfin, s'il n'y a point de commis, le tout appartient au greffier.

Ils perçoivent pour leur propre compte les droits de simple copie (droits d'expédition) et les indemnités de voyage, mais à la charge de : 1° subvenir aux frais de bureau du greffe et de la préture ; 2° rétribuer les scribes nécessaires au service du greffe. Le surplus se partage entre les greffiers et les commis-greffiers dans les proportions établies ci-dessus.

Lorsque le produit de ces droits ne suffit pas pour payer les dépenses dont nous venons de parler, le gouvernement fournit l'excédant.

Les élèves greffiers sont nommés par les premiers présidents et les procureurs généraux ; ils doivent 1° être âgés de dix-huit ans accomplis; 2° avoir subi un examen écrit, sur la calligraphie, la langue italienne et l'arithmétique, devant une commission nommée à cet effet. Ils n'ont droit à aucune rétribution. Pour être ensuite nommé scribe, l'élève greffier doit : 1° justifier d'avoir fait un stage d'une année dans un greffe ;

2° produire un certificat de diligence et de bonne conduite, délivré par le greffier auprès duquel le stage a été fait; 3° subir un examen écrit sur trois questions tirées du Code de procédure et du règlement général judiciaire et relatives au service du greffe. Les scribes ont droit à une rétribution qui est fixée chaque année par le premier président de la Cour de concert avec le procureur général, après avoir entendu le greffier, et qui varie entre 30 et 50 francs par mois.

En France, pour être admis aux fonctions de greffier de justice de paix, il faut : être âgé de 25 ans accomplis ; 2° jouir de l'exercice de ses droits civils et de citoyen; 3° avoir satisfait aux lois sur le recrutement ; 4° être présenté à la nomination du chef de l'Etat par le propriétaire de l'office de greffier, sa veuve, ses héritiers ou ayants cause, à moins qu'il n'y ait une vacance ; 5° justifier, avant d'entrer en exercice, du cautionnement exigé et de l'acquit des droits d'enregistrement; 7° prêter le serment exigé des fonctionnaires publics. La loi n'exige aucune preuve de capacité des greffiers, pas même une composition d'orthographe !... Ils peuvent avoir un commis-greffier pour remplir toutes leurs fonctions ; il doit être âgé de 25 ans, être agréé par le juge de paix et prêter serment entre les mains de ce magistrat. Il est payé par le greffier, qui peut le révoquer suivant son bon plaisir.

Les greffiers sont payés par l'Etat à raison de 650 francs par an, et ont droit à des remises et vacations fort minimes qui, dans le plus grand nombre des justices de paix, produisent à peine 250 francs par année, de sorte que ces fonctionnaires sont loin d'avoir une rémunération en rapport avec leurs travaux et la dignité de leurs fonctions. Aussi est-il question en ce moment d'améliorer leur sort en augmentant leurs remises et vacations. Le moyen pourrait être meilleur. En effet, le but de la loi que l'on élabore en ce moment devrait être de venir au secours des greffiers les plus malheureux, de ceux qui font peu d'actes rémunérés, et pour cela il faudrait augmenter leur traitement et non pas leur accorder un tarif plus élevé, car que leur importe le tarif s'ils ne font point d'actes ! Les greffiers des cantons importants, qui ont actuellement une rémunération à peu près suffisante, grâce au nombre d'actes qu'ils font, retireront, eux seuls, tout l'avantage de cette loi, qui présentera, en outre, un inconvénient très-grave, celui d'augmenter encore les frais déjà prodigieusement exagérés des procès devant les justices de paix.

Les greffiers de justice de paix sont tenus de résider au chef-lieu de canton. Ils dépendent, au point de vue de l'action disciplinaire, du juge de paix et du ministre de la justice qui peut les révoquer.

SECTION III\ :superscript: — *Des huissiers.*

Chaque préture a un nombre d'huissiers proportionné aux exigences du service et déterminé par un décret royal. Les huissiers ne peuvent exercer leurs fonctions que dans les affaires de la compétence de la préture à laquelle ils sont attachés : ils ne peuvent instrumenter en dehors de leur canton. S'ils sont absents ou empêchés, le préteur peut commettre un huissier du tribunal pour faire les actes qui se présentent, et même, dans les cas d'urgence, lorsqu'il n'y a pas possibilité de trouver un huissier, il peut confier la confection de ces actes aux appariteurs des communes ; enfin, il peut, avec l'assentiment du procureur du roi, autoriser les appariteurs suffisamment instruits à faire, dans les causes civiles et dans les communes qui ne sont pas chefs-lieux de canton, les citations verbales dont il est question dans le Code de procédure.

Les huissiers sont nommés par le ministre de la justice. Pour être nommé, il faut : 1° avoir 21 ans accomplis ; 2° avoir subi avec succès un examen devant une commission nommée à cet effet; 3° fournir un cautionnement en rentes sur l'Etat.

En France, tous les huissiers sont attachés aux tribunaux civils de première instance, mais ils ont leur résidence dans les divers cantons de l'arrondissement. Ils peuvent instrumenter comme huissiers au tribunal dans toute l'étendue de la juridiction territoriale du tribunal auquel ils sont attachés (1), et comme huissiers de la justice de paix dans le canton où ils ont leur résidence. Pour être nommé huissier, il faut : 1° être âgé de 25 ans; 2° être Français et jouir de ses droits civils; 3° avoir satisfait aux lois de recrutement ; 4° avoir

---

(1) Lorsqu'un huissier instrumente en dehors du canton qui lui est assigné pour résidence, il ne peut réclamer comme indemnité de transport que le droit qui aurait été alloué à l'huissier du canton où l'acte a été fait, s'il avait fait lui-même cet acte.

travaillé, au moins pendant deux ans, soit dans l'étude d'un notaire ou d'un avoué, soit chez un huissier, ou pendant trois années au greffe d'une Cour d'appel ou d'un tribunal de première instance; 5° avoir obtenu de la chambre de discipline de l'arrondissement un certificat de moralité, de bonne conduite et de capacité ; 6° avoir acquis une charge d'huissier; 7° verser le cautionnement voulu par la loi ; 8° prêter serment. Ils sont nommés par le chef de l'Etat sur la présentation du tribunal près lequel ils doivent exercer.

Les huissiers, au point de vue de l'action disciplinaire, sont justiciables des tribunaux de première instance ; toutefois les juges de paix ont sur eux le pouvoir disciplinaire dans quelques cas déterminés.

CHAPITRE II

DE LA COMPÉTENCE DES PRÉTEURS EN MATIÈRE CIVILE ET COMMERCIALE.

Art. 67 — La compétence est déterminée par la matière ou la valeur, par le territoire, par la connexité ou la litispendance de cause.

SECTION Ire. — *De la compétence en raison de la matière ou de la valeur.*

Art. 71. — Sont de la compétence des préteurs, toutes les actions civiles et commerciales dont la valeur n'excède pas quinze cents francs, sauf la compétence établie dans l'article précédent (voir ci-devant l'article 70).

Sont aussi de la compétence des préteurs, les actions pour prestations d'aliments, ou de pensions alimentaires périodiques et les actions pour la libération totale ou partielle des obligations relative à ces pensions, si la prestation contestée n'excède pas 200 fr. par an.

Les contestations relatives aux impôts directs ou indirects sont exclues de la compétence des préteurs (Loi de 1838 sur les justices de paix).

Pour déterminer la compétence des préteurs, le code a pris en considération la valeur de la cause, l'urgence d'une prompte solution et la facilité plus grande qu'ont ces magistrats qui se trouvent sur les lieux, de réunir les éléments nécessaires à la décision des procès.

Cet article du projet, avant de passer dans le code, donna lieu à une vive discussion. Parmi les adversaires du projet, les uns voulaient que la compétence des préteurs fût réduite aux actions possessoires et aux actions personnelles et mobilières sans limitation de somme dans certains cas déterminés : dans tous les autres cas, la compétence devait être réduite aux actions d'une valeur non supérieure à 1,500 fr.

D'autres, au contraire, consentaient à ce que la compétence des préteurs embrassât toutes les actions personnelles et réelles, mobilières et immobilières, tant en matière civile qu'en matière commerciale, mais ils ne voulaient pas que ces actions fussent d'une valeur supérieure à 1,000 fr.

D'autres, enfin, proposaient de restreindre la compétence des préteurs aux actions personnelles d'une valeur n'excédant pas 600 fr., et refusaient d'attribuer à ces magistrats la connaissance des affaires commerciales.

Ils ne voulaient pas donner trop d'extension à la compétence du préteur, parce que : 1° ce magistrat, étant amovible, ne jouit pas d'une complète indépendance vis-à-vis du gouvernement ; 2° étant seul pour juger, il est plus sujet aux erreurs qu'un tribunal composé de trois juges ; 3° lorsqu'il est absent ou empêché, il est remplacé le plus souvent par un notaire qui n'a pas l'instruction nécessaire pour résoudre des questions qui, surtout en matière réelle, sont assez difficiles et embrouillées ; 4° on verrait les prétures envahies par des défenseurs officieux, dont le ministère, nullement surveillé, pourrait paralyser un des buts principaux de cet article : l'économie des frais.

Ces raisons ne prévalurent pas : les partisans du projet firent observer : 1° qu'il fallait tenir compte de l'abaissement tous les jours plus grand de la valeur monétaire ; 2° que les attributions des juges inférieurs avaient été étendues peu à peu dans tous les pays, en vertu de cette nécessité qui conduit à un développement progressif les institutions vivaces et qui promettent ; 3° que dans les provinces méridionales, personne n'avait réclamé contre la compétence des juges de mandement qui connaissaient des actions d'une valeur de 300 ducats ; 4° que la compétence des préteurs avait déjà été notablement étendue en matière pénale ; qu'il convenait de l'étendre aussi en matière civile ; 5° que la faculté illimitée d'appeler de leurs sentences permettrait de faire réparer les erreurs qu'ils pourraient commettre.

En France, la compétence des juges de paix est déterminée par des lois particulières, notamment par la loi du 25 mai 1838. Aux termes de l'article 1ᵉʳ de cette loi, « les juges de paix connaissent de toutes actions purement personnelles ou mobilières, en dernier ressort jusqu'à la valeur de 100 francs, et à charge d'appel jusqu'à la valeur de 200 francs. » Voilà leur compétence ordinaire; quant à leur compétence d'exception, elle est écrite dans de nombreuses dispositions de lois spéciales, dont nous ne parlerons pas, et dans les articles 2 et suivants de la loi de 1838. Dans les cas prévus par les articles 2 et 4 de cette loi, les juges de paix prononcent, sans appel, jusqu'à la valeur de 100 francs, et, à charge d'appel, jusqu'au taux de la compétence en dernier ressort des tribunaux de première instance (1,500 fr.). Dans les cas prévus par les articles 3 et 5, les juges de paix ont une compétence illimitée. Enfin, aux termes de l'art. 6, ils statuent sur les actions possessoires, en bornage, sur les demandes en pension alimentaire, etc.

Il serait bien à désirer que la compétence de ces magistrats fût considérablement augmentée, mais il faudrait pour cela : 1° exiger des juges de paix de sérieuses conditions de capacité ; 2° racheter les charges vénales (celles d'huissier, d'avoué, de greffier), car on ne peut augmenter la compétence des juges de paix aux dépens de celle des tribunaux de première instance, sans causer aux officiers ministériels un grave préjudice et blesser l'équité.

Art. 72. — La valeur de la cause se détermine par la demande. Les intérêts échus, les dépens et les dommages antérieurs à la demande judiciaire, s'additionnent au capital pour le calcul de la valeur.

Quand on réclame une somme qui est une partie, et non pas le reliquat d'une obligation plus grande, la valeur se déduit de l'obligation entière, si celle-ci est contestée.

Art. 73. — Quand il y a plusieurs chefs de demande, on les compte tous pour déterminer la valeur de la cause, s'ils dépendent du même titre ; s'ils dépendent de titres distincts, on a égard à la valeur de chacun d'eux pris séparément (Article 9 de la loi de 1838).

Il résulte de cet article que le préteur peut statuer sur n'importe quelle somme quand les chefs de demande dépendent de titres distincts, et que, considérés séparément, ils n'ont pas une valeur supérieure à 1,500 francs. Cette disposition, puisée dans la loi 11 au Dig. de Jurid., est très-rationnelle ; le magistrat, en effet, étant compétent pour statuer sur chaque demande présentée séparément, on ne voit pas pourquoi il cesserait de l'être, parce que le demandeur, au lieu d'introduire autant d'instances qu'il y a de chefs de demande, les réunit toutes dans une seule pour éviter des frais et des lenteurs.

En France, on suit le système opposé.

Art. 74. — Lorsque plusieurs personnes réclament dans une même instance d'un ou de plusieurs obligés le paiement de leur part d'une dette, la valeur de la cause se détermine par la somme totale.

Art. 75. — Dans les contestations relatives à un séquestre ou à un gage, la valeur se détermine :

1° Par le montant de la créance en vertu de laquelle on procède à ces actes, s'il y a contestation sur le droit de celui qui a obtenu le séquestre ou la saisie ou sur les formes de la procédure;

2° Par la valeur des objets contestés, si un tiers prétend revendiquer en tout ou en partie les choses saisies ou séquestrées ;

3° Par la valeur distincte de chacune des créances contestées et en concours, s'il y a contestation sur la distribution du prix (art. 579).

ART. 76. — Dans les contestations relatives à une prestation de rente perpétuelle, temporaire ou à vie, quelle qu'en soit la dénomination, la valeur se détermine par la somme totale exprimée dans l'acte de constitution, si le titre est contesté.

Lorsque la somme totale n'est pas énoncée, la valeur se détermine en additionnant vingt annuités, s'il s'agit de rente perpétuelle, et dix annuités s'il s'agit d'une rente à vie ou établie pour un temps indéterminé ou déterminé, mais non moindre de dix ans, sans distinction entre les rentes ou pensions constituées sur la vie d'une ou de plusieurs personnes.

Lorsque la rente est établie pour un temps moindre de dix ans, la valeur se détermine en additionnant les annuités.

Cet article se rapporte aux titres XIII et XIV du nouveau Code civil qui consacre 24 articles (1778 à 1802) à réglementer les diverses rentes.

ART. 77. — Dans les contestations sur la validité ou la continuation d'une location, la valeur se détermine en additionnant les fermages, les loyers, les prestations en nature, sur lesquels il y a contestation et les accessoires (art. 3 de la loi de 1838).

ART. 78.— Dans les cas indiqués dans les deux articles précédents, ou dans d'autres cas semblables, si la prestation doit se faire en denrées, la valeur non déterminée par le titre est déclarée par le demandeur.

Si le demandeur ne fait pas cette déclaration ou que le défendeur ne l'accepte pas, la valeur se détermine par les prix moyens du marché le plus voisin du lieu de la prestation.

Art. 79.— Dans les contestations relatives aux biens immeubles, la valeur de la cause se détermine en multipliant par cent l'impôt direct dû à l'Etat ;

Si la contestation porte sur l'usufruit ou sur la nue propriété, la valeur se détermine en multipliant l'impôt par cinquante ;

Si la contestation porte sur une servitude prédiale, la valeur se détermine par celle du fonds servant ;

Si la contestation porte sur le règlement des confins, la valeur se détermine par celle de la partie de propriété contestée.

Lorsque la valeur de l'immeuble ne peut se déterminer par l'impôt, la cause est considérée comme étant d'une valeur excédant 1,500 fr.

Dans les articles précédents le législateur a déterminé les bases de la compétence des préteurs en matière personnelle. Il a déclaré (art. 72) que la valeur de la cause était déterminée par la demande, et a développé ce principe dans les articles suivants sans rencontrer de difficultés sérieuses, parce que la valeur est toujours déterminée ou facile à déterminer. Mais, en matière immobilière, comment fixer les bases de la compétence des préteurs ? On réclame un immeuble, comment déterminer sa valeur ? Faut-il la fixer d'après les titres ? Il peut se faire qu'on ne puisse en produire aucun. D'un autre côté, l'indication du prix portée dans les actes est rarement sincère, et enfin dans les actes d'échange le prix n'est pas indiqué. Faut-il recourir à l'expertise et enter un procès sur un autre ? Mais on ne sait à quel tribunal s'adresser pour la nomination de

l'expert, puisque la compétence n'est pas encore déterminée......

Le législateur italien a suivi un système radical. Il a
pris pour critérium de la compétence des préteurs
l'*impôt direct dû à l'Etat*. Lorsque l'impôt qui affecte
un immeuble dont la propriété est contestée, multiplié
par cent, ne dépasse pas quinze cents francs, le litige
est de la compétence des préteurs.

En matière de servitude prédiale, la valeur de la
cause est déterminée par celle du fonds servant. On a
considéré que la valeur du fonds dominant n'a aucun
rapport avec la valeur de la servitude. Il semble cependant que le législateur aurait bien fait de tenir compte
de la valeur des deux fonds, parce que la valeur de la
servitude est déterminée précisément par l'avantage
qu'elle procure au fonds dominant et le dommage qu'elle
cause au fonds servant : elle n'a jamais la valeur de
l'un des deux fonds. Le Code aurait dû imiter le législateur sarde de 1859 et prendre pour base de la valeur
de la servitude la moitié de la valeur des deux fonds.

ART. 80. — Dans les contestations relatives à des biens mobiliers, la valeur de la cause est déterminée par le demandeur
dans la demande.

Si le demandeur ne la détermine pas, on présume que la valeur
est de la compétence de l'autorité judiciaire devant laquelle la
contestation est portée.

Le défendeur, dans sa première réponse, peut contester la
valeur déclarée ou présumée comme il est dit ci-dessus ; dans ce
cas le préteur décide, au vu des actes, si la valeur de la cause
est dans les limites de sa compétence.

Le préteur décide au *vu des actes* : il ne peut donc ordonner une expertise. En cas de doute, il doit se déclarer incompétent et renvoyer la cause devant le tribunal qui a la plénitude de la juridiction.

ART. 81.—Les questions d'état, de tutelle, de droits honorifiques et autres dont la valeur ne peut se déterminer sont considérées comme si elles excédaient la valeur de 1,500 fr.

ART. 82. — Sont de la compétence des préteurs, quelle que soit la valeur de la cause, pourvu qu'elles soient proposées dans l'année à partir du fait qui leur a donné origine :

1° Les demandes pour dégâts et dommages causés aux fonds ruraux, haies, clôtures, plantes et fruits ;

2° Les actions possessoires ;

3° Les actions pour dommages à craindre (*danno temuto*) et la dénonciation de nouvel œuvre, en conformité des articles 698 et 699 du Code civil ;

4° Les actions qui tendent à faire observer les distances prescrites par la loi, les règlements ou les usages locaux relatifs à la plantation des arbres ou des haies ;

5° Des actions en congé lorsque le bail est expiré, sauf la disposition de l'article 70. (Art. 5 et 6 de la loi de 1838.)

ART. 83. — Les préteurs prononcent comme juge d'appel sur les sentences des conciliateurs dans les cas prévus par les articles 456, 458, 459.

SECTION II. — *De la compétence territoriale.*

ART. 90.—L'action personnelle et l'action réelle sur les biens meubles s'intentent devant l'autorité judiciaire dans le ressort de laquelle le défendeur a son domicile ou sa résidence.

Si le défendeur n'a ni domicile ni résidence connus, elles s'intentent devant l'autorité judiciaire du lieu où il demeure.

L'action personnelle et l'action réelle sur des biens meubles dirigées contre une société, s'intentent devant l'autorité judiciaire du lieu où est le siége de l'administration ou du lieu où se trouve un des établissements sociaux avec un représentant de la société. (Art. 2 et 59 du Code de procédure civile français.)

ART. 91. — L'action personnelle et l'action réelle relatives à des biens meubles peuvent aussi s'intenter devant l'autorité judiciaire dans le ressort de laquelle l'obligation a été contractée ou doit être exécutée, ou dans le ressort de laquelle se trouve la chose mobilière, objet de l'action, pourvu que le défendeur soit cité en personne dans ce ressort.

En matière commerciale ces actions peuvent aussi s'intenter devant l'autorité judiciaire dans le ressort de laquelle la promesse a été faite et la marchandise livrée, ou devant celle dans le ressort de laquelle l'obligation doit être exécutée, bien que le défendeur n'y ait pas été cité en personne.

ART. 92. — L'action personnelle et l'action réelle, relatives à des biens meubles, lorsqu'une des administrations de l'État est défenderesse, doivent toujours s'intenter, sauf la disposition de l'article 95, devant l'autorité judiciaire dans le ressort de laquelle l'obligation a été contractée ou doit être exécutée, ou dans le ressort de laquelle se trouve la chose mobilière, objet de l'action.

Dans les contestations relatives aux impôts directs ou indirects, l'action, alors même que l'administration de l'État est demanderesse, doit s'intenter devant le tribunal dans la juridiction duquel se trouve le service qui doit percevoir l'impôt, ou qui l'a perçu.

ART. 93. — Les actions réelles, relatives à des biens immeubles, et celles indiquées dans l'article 82, s'intentent devant l'autorité judiciaire dans le ressort de laquelle est situé l'immeuble, ou dans le ressort de laquelle a eu lieu la spoliation ou le trouble dans la possession de la chose mobilière.

Lorsque l'immeuble est soumis à plusieurs juridictions, l'action est intentée devant l'autorité judiciaire dans le ressort de laquelle est située la partie qui supporte la plus grande part de l'impôt direct dû à l'État, ou devant l'autorité judiciaire dans le ressort de laquelle est située une partie quelconque de l'immeuble, et où l'un des défendeurs a son domicile ou sa résidence (Art. 2 et 59 Code proc. civ. fr.)

ART. 94. — S'intentent devant l'autorité judiciaire dans le ressort de laquelle la succession a été ouverte :

1° Les actions en pétition ou partage d'une succession, et toutes autres actions entre cohéritiers jusqu'au partage ;

2° Les actions en rescission d'un partage déjà opéré, ou en garantie des lots respectivement assignés, pourvu qu'elles soient proposées dans le terme de deux ans à partir du partage ;

3° Les actions contre l'exécuteur testamentaire, pourvu qu'elles soient intentées avant le partage, ou, si le partage n'est pas nécessaire, dans les deux ans après l'ouverture de la succession ;

4° Les actions des légataires et des créanciers de la succession qui n'exercent pas un droit réel sur un immeuble, si elles sont intentées dans les termes indiqués dans le numéro précédent.

Lorsque la succession s'est ouverte à l'étranger, ces actions s'intentent devant l'autorité judiciaire dans le ressort de laquelle le défenseur a son domicile ou sa résidence (Art. 59 Code proc. civ.)

ART. 95. — Dans le cas d'élection de domicile, faite en conformité de l'article 19 du Code civil, l'action peut s'intenter devant l'autorité judiciaire dans le ressort de laquelle le domicile a été élu. (Art. 59 Code proc. civ.)

ART. 96. — L'action entre associés s'intente devant l'autorité judiciaire dans le ressort de laquelle est situé le principal établissement de la société.

S'intentent devant la même autorité judiciaire, même après la dissolution et la liquidation de la société, les actions entre associés relatives au partage et aux obligations qui en dérivent, pourvu qu'elles soient proposées dans les deux ans à partir du partage. (Art. 59 Code de proc. civ.)

ART. 97. — L'action en rendement de compte d'une tutelle ou

d'une administration s'intente devant l'autorité judiciaire dans le ressort de laquelle la tutelle ou l'administration a été conférée ou exercée.

SECTION III. — *De la compétence au point de vue de la connexité et de la litispendance.*

ART. 98. — L'action dirigée contre plusieurs personnes qui, en raison de leur domicile ou de leur résidence, devraient être citées devant plusieurs autorités judiciaires, peut être intentée devant l'autorité judiciaire dans le ressort de laquelle un des défendeurs a son domicile ou sa résidence, s'il y a connexité en raison de l'objet de la demande, ou en raison du titre ou du fait dont ces actions dépendent. (Art. 59 Code proc. civ.)

ART. 99. — L'action accessoire est proposée devant l'autorité judiciaire compétente pour l'action principale.

ART. 100. — L'autorité judiciaire devant laquelle la cause principale est pendante, est compétente pour connaître, excepté le cas d'incompétence en raison de la matière ou de la valeur, et sauf ce qui est établi dans les articles 101 et 102 : 1° de l'action en garantie ; 2° de la compensation ; 3° de l'action en reconvention qui dépend du titre produit en justice par le demandeur, ou du titre produit dans la cause principale comme moyen d'exception. (Art. 181 Code proc. civ.)

ART. 101. — Les conciliateurs et les préteurs connaissent des actions reconventionnelles qui, isolées ou réunies, sont par leur nature et leur valeur dans les limites de leur compétence, alors même que, réunies à la demande principale, elles excèdent les limites de leur compétence.

Lorsque les actions reconventionnelles excèdent par leur nature ou leur valeur les limites de leur compétence, ils doivent renvoyer les parties devant l'autorité judiciaire compétente pour l'action principale et l'action reconventionnelle (Art. 8 de la loi de 1838).

ART. 102. — Les conciliateurs et les préteurs connaissent de la compensation proposée contre la demande du demandeur, si la valeur de la créance opposée en compensation n'excède pas les limites de leur compétence, ou si la compensation dérive d'une créance non contestée.

Lorsque la créance opposée en compensation est contestée et excède les limites de ladite compétence, ils doivent renvoyer les parties devant l'autorité compétente pour l'action principale et pour la compensation. Si l'action principale est fondée sur un acte public ou judiciaire, sur un écrit reconnu, ou sur un aveu judiciaire, les conciliateurs et les préteurs peuvent retenir la cause principale et renvoyer les parties devant l'autorité judiciaire compétente pour la décision de la contestation sur la créance opposée en compensation, et peuvent ordonner l'exécution de leur sentence moyennant caution.

La loi italienne fait une distinction très-rationnelle entre les demandes reconventionnelles et les demandes en compensation. Pour les premières, elle ordonne aux conciliateurs et aux préteurs, lorsqu'elles excédent, par leur nature ou leur valeur, les limites de leur compétence, de renvoyer les parties devant l'autorité judiciaire compétente pour l'action principale et l'action reconventionnelle. Pour les demandes en compensation, elle admet en principe la même règle, mais elle y apporte deux exceptions : la première autorise les conciliateurs et les préteurs à retenir les causes dans lesquelles la valeur de la créance opposée en compensation excède les limites de leur compétence lorsque la compensation dérive d'une créance non contestée : dans ce cas à quoi bon renvoyer les parties devant un autre tribunal, puisqu'aucune difficulté ne s'élève, et que le juge n'a qu'à donner acte aux parties de leurs

accords? On peut se demander pourquoi le législateur
n'a pas admis cette exception pour les actions reconventionnelles. La raison de la différence vient de ce
que le juge est obligé de statuer sur la demande reconventionnelle, tandis que dans l'action en compensation
il n'a qu'à examiner s'il y a lieu à compensation ; il
n'a pas à statuer sur les effets de la compensation,
parce qu'ils sont déterminés par la loi : *Judicis sententia
non ducit compensationem sed declarat.* Le rôle du juge
est donc plus simple et plus facile dans les demandes
en compensation que dans les demandes reconventionnelles, et c'est pour cela que le législateur a cru devoir
admettre l'exception dont il s'agit.

La seconde exception concerne le cas où la demande
principale est fondée sur un acte public ou judiciaire,
sur un écrit reconnu ou sur un aveu judiciaire, tandis
que la créance opposée en compensation, fondée sur
n'importe quel titre, est contestée. La loi autorise le
magistrat à retenir la cause principale, parce que le
demandeur a eu en sa faveur un titre qui fonde sa
demande, et qu'il y a à craindre que dans l'unique but
de retarder le cours de la cause principale et de la faire
renvoyer devant une autre juridiction, le défendeur
oppose des demandes en compensation sans fondement
sérieux.

Le législateur français, dans l'article 8 de la loi de
1838, décide que « si la demande reconventionnelle ou
en compensation excède les limites de sa compétence,
le juge de paix pourra, soit retenir le jugement de la
demande principale, soit renvoyer, sur le tout, les

parties à se pourvoir, devant le tribunal de première instance, sans préliminaire de conciliation. » Comme on le voit, la loi française ne distingue pas entre les demandes reconventionnelles et les demandes en compensation, elle établit la même règle pour ces deux genres d'exception.

Il est bon de laisser le juge libre de statuer ou non sur la demande principale, parce que s'il voit que l'exception n'est proposée que pour retarder la solution du procès, il peut statuer sur cette demande et empêcher ainsi le défendeur d'atteindre son but.

Art. 103. — Les demandes en paiement des frais de justice, des honoraires dus aux procureurs et aux experts, des droits dus aux greffiers, huissiers, des prix et salaires dus aux imprimeurs et autres semblables, sont de la compétence de l'autorité judiciaire devant laquelle a été introduite la cause qui a donné lieu à ces demandes. Pour les causes en cassation, on observe la disposition de l'article 571 (Code proc., art. 60).

Art. 104. — Lorsqu'une même cause a été introduite devant deux autorités également compétentes, ou lorsqu'une contestation est connexe à une cause déjà pendante devant une autre autorité judiciaire, elle doit être jugée par l'autorité judiciaire qui a été la première saisie, ce qui est déterminé par la citation. (Code proc., art. 171.)

Section IV. — *Dispositions relatives aux étrangers.*

Art. 105. — L'étranger qui n'a point de résidence dans le royaume, peut être assigné devant les autorités judiciaires du royaume, alors même qu'il ne s'y trouve pas :

1° S'il s'agit d'actions relatives à des biens immobiliers ou mobiliers qui existent dans le royaume ;

2° S'il s'agit d'obligations dérivant de contrats ou de faits passés dans le royaume, et qui doivent y avoir leur exécution ;

3° Dans tous les autres cas où cela peut se faire par réciprocité.

C'est un principe incontesté de droit international que les immeubles sont régis par la loi du lieu où ils sont situés. Il n'était pas nécessaire, pour déterminer la compétence en pareille matière, d'une disposition formelle de la loi, mais le législateur voulant appliquer ce principe aux biens meubles existants dans l'Etat, il était utile de parler des biens immeubles en même temps que des biens meubles, pour exclure toute possibilité d'argumentation contraire (Foschini).

L'article 105 exige, pour qu'un étranger puisse être soumis à la juridiction italienne en matière personnelle, qu'il s'agisse d'obligations dérivant de contrats ou de faits passés dans le royaume. La loi française, en cette matière, va plus loin et même trop loin ; l'article 14 du Code civil décide, en effet, qu'il suffit qu'une convention soit faite entre un citoyen et un étranger pour que les tribunaux de la République soient compétents, et cela lors même qu'il n'existerait aucune des circonstances exigées par le code italien, c'est-à-dire alors même que l'étranger n'aurait aucune résidence dans l'Etat, qu'il ne s'y trouverait pas au moment où il serait cité, alors même que l'obligation n'aurait pas été contractée en France et ne devrait pas y recevoir son exécution.

Art. 106. — Outre les cas indiqués dans l'article précédent, l'étranger peut être assigné devant les autorités judiciaires du royaume pour des obligations contractées en pays étranger :

1° S'il a une résidence dans le royaume, alors même qu'il ne s'y trouve pas actuellement ;

2° S'il se trouve dans le royaume, bien qu'il n'y ait point de résidence, pourvu qu'il soit cité en personne propre.

Lorsque l'étranger a sa résidence dans le royaume, comme il jouit d'une manière permanente de la protection des lois de l'Etat et que par le fait même de sa résidence il peut plus facilement et à moindres frais y être actionné, le législateur a décidé qu'il serait soumis à la juridiction des autorités judiciaires du royaume (Foschini).

Si l'étranger n'a point de résidence dans l'Etat, mais qu'il s'y trouve momentanément, on le considère comme s'il y résidait. Il arrivera rarement qu'un étranger non résidant dans l'Etat y soit actionné pour obligations contractées en pays étranger et qui ne doivent pas être exécutées dans l'Etat : on peut prévoir que cela arrivera spécialement lorsque l'étranger n'a ni domicile ni résidence fixe en aucun pays, ou lorsque le demandeur rencontre de trop graves difficultés pour faire valoir ses droits devant les tribunaux étrangers.

Art. 107. — Lorsque l'étranger n'a ni résidence, ni demeure, ni domicile élu dans le royaume et qu'aucun lieu n'a été désigné pour l'exécution du contrat, l'action personnelle ou réelle relative à des biens mobiliers s'intente devant l'autorité judiciaire dans le ressort de laquelle le demandeur a son domicile ou sa résidence.

CHAPITRE III

DE LA PROCÉDURE DEVANT LES PRÉTEURS

SECTION Ire—*De la forme des citations*

ART. 132. — Les citations se font par le ministère d'huissier, par billet sur papier libre ou par exploit.

La citation par billet est exempte de timbre et d'enregistrement.

ART. 133. — La citation par billet a lieu seulement dans les causes intentées devant les conciliateurs et celles intentées devant les préteurs, dont la valeur n'excède pas cent francs.

Le billet doit indiquer :

1° Le jour, le mois, l'an de la notification et l'heure où elle a lieu, si elle est faite pour comparaître le même jour ; 2° le nom et le prénom de l'huissier, avec l'indication de l'autorité judiciaire à laquelle il est attaché ; 3° le nom et le prénom du demandeur et du défendeur ; 4° l'objet de la demande ; 5° le juge devant lequel on doit comparaître ; 6° le jour et l'heure de la comparution; 7° la personne à laquelle le billet est remis (Cod. pr., art. 1).

ART. 134. — L'exploit de citation, outre l'indication du jour, du mois et de l'an de la notification, doit contenir : 1° Le nom et le prénom du demandeur ; le nom, le prénom, la résidence, le domicile ou la demeure du défendeur ; 2° le précis des faits et des éléments de droit qui constituent l'action, les conclusions de la demande et l'offre de communiquer, par original ou par copie, les documents sur lesquels les conclusions sont fondées ; 3° l'indication de la chose qui forme l'objet de la demande et les indications qui peuvent les déterminer; 4° l'indication

5

de l'autorité judiciaire devant laquelle on doit comparaître ;
5° la déclaration de la résidence ou du domicile du demandeur.

Si le demandeur n'a point de résidence ou de domicile dans l'Etat, l'acte de citation doit contenir en outre l'élection de domicile dans la commune où siége l'autorité judiciaire devant laquelle on doit comparaître, avec indication de la personne chez laquelle ou du bureau (*uffizio*) dans lequel on fait élection. Cette élection peut encore être faite par le demandeur qui a un domicile ou une résidence dans l'Etat.

Dans les instances en matière commerciale la déclaration ou l'élection de domicile doit se faire conformément à l'article 393.

6° L'indication du délai dans lequel le défendeur doit comparaître, ou du jour d'audience, s'il s'agit de citation en voie sommaire.

Dans les causes où le ministère de l'avoué est nécessaire, l'acte de citation doit en outre indiquer le nom et le prénom de l'avoué du demandeur.

L'exploit est signé par l'huissier (Cod. pr., art. 61).

D'après le projet présenté par le ministère et à l'exemple des codes sardes de 1854 et de 1859, l'exploit devait être divisé en deux parties distinctes : l'une contenant la demande et signée par l'avoué, et l'autre contenant sa notification au défendeur signée par l'huissier. Cette division avait bien sa raison d'être. En effet, on ne peut pas raisonnablement exiger des huissiers les connaissances juridiques indispensables pour introduire un procès. D'un autre côté, il est naturel que l'avocat ou l'avoué auquel la cause est confiée fasse l'acte qui commence le procès et duquel peut dépendre le succès de la cause. Si on chargeait l'huissier de rédiger l'exploit introductif d'instance, cet acte serait presque toujours préparé par le défenseur de la cause, et de

cette façon, la loi aurait pour effet d'attribuer à l'huissier le droit à des honoraires pour un travail qu'il
n'aurait pas fait. Toutefois, comme certains exploits
faciles peuvent être rédigés par l'huissier seul, le Code
n'a pas cru devoir imposer cette division et a laissé les
parties libres de la faire ; lorsqu'elles font cette division,
la demande est signée par l'avoué, qui touche une partie des honoraires de l'exploit.

En France, d'après les articles 1 et 61 du Code de
procédure civile, les exploits sont censés être faits par
l'huissier, qui en touche les honoraires; mais, en pratique, ils sont presque tous rédigés par l'avocat ou l'avoué
de la cause.

ART. 135. — La citation doit être notifiée à la personne du
défendeur par la remise d'une copie signée par l'huissier (Cod.
pr., art. 68).

ART. 136. — Celui qui est privé de l'administration de ses
biens est cité dans la personne de son représentant.

Celui qui n'a pas la complète administration de ses biens, ou
qui ne peut ester en justice sans l'assistance ou l'autorisation
d'une personne, est cité tant en personne propre qu'en la personne de ceux dont l'assistance ou l'autorisation est nécessaire.

A défaut de la personne qui doit assister ou autoriser le défendeur, ou si cette personne a un intérêt opposé à celui du défendeur et s'il n'y a personne pour la suppléer, le président de
la cour ou du tribunal, le préteur ou le conciliateur devant
lequel la cause est intentée, nomme, sur les instances du demandeur, un curateur spécial au défendeur.

ART. 137. — La citation est notifiée :

Pour les sociétés de commerce à celui qui les représente comme associé ou comme administrateur de l'établissement social.

Pour l'union ou la direction des créanciers, à l'un des syndics
ou directeurs.

Pour la masse des créanciers, avant l'état d'union, à l'un des syndics (Cod. pr., art. 69).

ART. 138. — La citation est notifiée :

Pour les communes, les établissements publics et généralement les corps moraux reconnus par la loi, au maire, au recteur, au chef ou supérieur ou à celui qui en fait fonction.

Pour les administrations de l'Etat, à celui qui les représente dans le lieu où réside l'autorité judiciaire devant laquelle la cause est portée, en observant les règles établies par le règlement.

Pour la liste civile, le patrimoine privé du roi, de la reine, des princes, de la famille royale, au chef d'administration ou à celui qui en fait fonction dans l'arrondissement ou la province où réside l'autorité judiciaire devant laquelle la cause est intentée (Cod. pr., art. 69).

ART. 139. — Lorsque la citation ne peut être notifiée à la personne du défendeur, elle doit se notifier dans la maison où il a sa résidence, et si sa résidence est inconnue à son domicile.

S'il s'agit de sociétés commerciales ou d'un des êtres moraux indiqués dans l'article précédent, la citation doit être notifiée dans la maison où siége l'administration ou l'être moral défendeur, et, à défaut, dans la maison où l'associé, l'administrateur ou son représentant a sa résidence.

Si la résidence ou le domicile sont inconnus, la citation doit se notifier dans la demeure.

Dans tous ces cas, l'huissier remet la copie de la citation à quelqu'un de la famille ou à un attaché à la maison ou au service du défendeur.

A défaut de ces personnes, l'huissier remet la copie de l'exploit au portier de la maison ou à un voisin, pourvu qu'il sache écrire, et fait signer l'original par la personne qui reçoit la copie.

L'huissier ne peut faire la remise de la copie de l'exploit à une personne incapable, pour cause d'âge ou d'insanité d'esprit, d'en porter le témoignage. La capacité se présume jusqu'à preuve contraire.

Si les portiers ne veulent ou ne peuvent accepter la copie et signer l'original, l'huissier, après avoir affiché un avis sur papier libre à la porte de l'habitation du défendeur, dépose la copie à la mairie, ou la remet au maire ou à celui qui en fait fonction. L'original est signé par celui qui reçoit la copie.

Pour celui qui se trouve à bord d'un navire marchand ou qui appartient à l'équipage, la notification peut se faire au capitaine ou à celui qui en fait fonction.

Dans les cas indiqués dans cet article l'huissier fait mention de tout sur l'original et la copie.

Le législateur a préféré faire notifier l'acte de citation à la résidence plutôt qu'au domicile, parce que le domicile n'est souvent pas autre chose qu'une fiction légale concernant la présence de la personne dont il s'agit, tandis que la résidence indique l'habitation ordinaire, réelle et effective de cette personne. Si l'on songe au nombre de fois que, pour des raisons de fonctions, de commerce ou autres, on est obligé de résider ailleurs qu'au domicile, on doit voir qu'il est nécessaire que la citation soit faite à la résidence afin qu'elle atteigne mieux son double but, c'est-à-dire de faire connaître au défendeur la demande intentée contre lui et de lui donner le temps nécessaire pour faire valoir ses moyens de défense, le terme pour comparaître se calculant du lieu où la citation est faite.

Le § 6 de cet article prévoit le cas où les voisins ou le portier ne veulent ou ne peuvent accepter la copie et signer l'original, et exige que l'huissier affiche à la porte d'habitation du cité un avis sur papier libre annonçant qu'une signification d'exploit lui a été faite en son absence et que la copie de l'exploit est déposée entre les mains du maire ou à la mairie. Cet article n'a pas ordonné l'affichage de la copie même, parce que ces sortes d'affiches sont vite déchirées, et le cité ne sait pas qu'une citation lui a été donnée, ou bien il ne le sait que vaguement et ne peut pas obtenir des renseignements sur ce qu'on lui réclame ; ces renseignements il pourra les avoir en allant prendre à la mairie la copie qui lui est destinée.

L'avis prescrit par ce paragraphe doit contenir l'indication des nom et prénoms du demandeur et du défendeur, de l'autorité judiciaire devant laquelle le défendeur est cité et la signature de l'huissier. (Article 186 du règlem. gen. jud.)

Les articles 4 et 68 du Code de procédure français renferment les prescriptions de l'article du Code italien à l'exception de l'obligation d'afficher l'avis.

Art. 140. — Lorsque le défendeur a fait élection de domicile en indiquant la personne ou le bureau, la citation peut être notifiée à la personne chez laquelle ou au bureau dans lequel on a fait élection de domicile, en observant pour le surplus les dispositions de l'article précédent.

Si la personne chez laquelle l'élection de domicile a été faite se trouve être celle qui fait donner la citation, ou si elle est décédée, ou bien si elle a cessé d'exercer l'office dans lequel l'élection a été faite, la citation se fait comme si l'élection n'avait pas eu lieu.

Art. 141. — Celui qui n'a aucun domicile, résidence ou demeure connue, est cité au moyen : 1° d'une copie affichée à la porte extérieure de l'édifice où siége l'autorité judiciaire devant laquelle la demande est portée ; 2° de l'insertion d'un résumé de la citation dans le journal des annonces judiciaires ; 3° de la remise d'une copie de la citation même au ministère public près le tribunal civil dans le ressort duquel siége ladite autorité.

Art. 142. — Celui qui n'a aucun domicile, résidence ou demeure dans le royaume, est cité dans les formes prescrites par l'article précédent. Le ministère public transmet la copie de l'exploit de citation au ministre des affaires étrangères.

Lorsque l'étranger a un mandataire général dans l'Etat, il peut être cité en la personne de celui-ci.

Le législateur italien a compris toute l'importance de l'acte de citation, et a voulu qu'il fût non pas une vaine formalité, mais une réalité, et que le défendeur fût toujours informé, autant que possible, de l'action dirigée contre lui.

Le ministre des affaires étrangères transmet la citation à l'ambassadeur près le gouvernement de la nation dans laquelle le défendeur est domicilié; celui-ci la reçoit par l'intermédiaire des consuls, des procureurs de la République et des maires, et en donne un récépissé qui fait retour, par la même voie, au ministère public qui a transmis la citation.

Dans les pays frontières des relations nombreuses s'établissent entre les citoyens des deux nations. La Savoie, par exemple, a des rapports très-fréquents avec le Piémont, où beaucoup de Savoyards possèdent des propriétés. Si l'on pouvait surprendre contre eux des jugements par défaut et les faire exécuter pendant qu'ils sont en Savoie, on pourrait commettre les plus criantes injustices. Mais l'article 142 s'oppose à cet abus en faisant parvenir au défendeur la copie de la citation qui lui fait connaître l'action intentée contre lui, et, s'il ne se défend pas, le jugement de défaut pour qu'il y fasse opposition s'il le juge à propos. Cet article con-cerne non-seulement les citations proprement dites, mais encore toute espèce de notifications.

Nous ne savons si la France use de réciprocité sous ce rapport avec l'Italie.

Lorsqu'un individu cité en Savoie se trouve en Suisse, le parquet qui a reçu la copie, aux termes de l'art. 69 du Code de procédure, la transmet au procu-reur général du canton dans lequel le cité a sa rési-dence ; ce magistrat la fait parvenir à sa destination. Les parquets suisses usent de réciprocité. Les com-munications de parquet à parquet se font directement sans avoir recours à la voie diplomatique.

C'est avec plaisir que l'on voit les barrières entre les peuples s'abaisser, et le principe de la souveraineté territoriale perdre un peu de son extrême rigueur.

Art. 143. — Les militaires en activité de service dans l'armée de terre ou de mer et les personnes qui leur sont assimilées par la loi, s'ils ne sont pas cités en personne propre, doivent être cités dans le lieu de leur résidence ou de leur domicile aux ter-mes des art. 139 et 140 ; dans ce cas, une copie de la citation est remise au ministère public près le tribunal civil dans le ressort duquel siége l'autorité judiciaire devant laquelle l'action est intentée.

Le ministère public transmet la copie au commandant militaire ou au commandant du département maritime dans lequel ladite autorité judiciaire a son siége.

Bien que l'on soit généralement censé être présent

au lieu de sa résidence ou de son domicile, il y a un fait certain et constant, c'est que l'on s'en éloigne pour cause de service militaire. De là la nécessité d'exiger que la citation soit faite au défendeur dans le lieu où il se trouve pour cause de ce service, afin qu'elle atteigne son but principal, mais cela serait dans beaucoup de cas souverainement difficile. C'est pourquoi cet article permet de faire la citation à la résidence ordinaire ou au domicile que le défendeur a indépendamment de celui que lui donne le service militaire ; mais pour être plus sûr que la citation parvienne à sa connaissance, l'article 143 ne se contente pas de faire faire la remise de l'exploit aux personnes indiquées dans l'article 139, il veut, en outre, qu'une copie de l'acte soit consignée au ministère public, qui est chargé de la transmettre au commandant militaire de l'arrondissement ou au commandant du département maritime dans lequel le militaire cité se trouve. Il arrive souvent, en effet, que, par suite d'un changement de garnison, du départ d'un militaire pour un service extraordinaire dans un corps détaché, les personnes indiquées dans l'article 139 ignorent le lieu précis où se trouve ce militaire cité à comparaître, mais ce lieu est toujours connu des commandants.

Il est bien regrettable que la législation française ne contienne aucune disposition analogue (art 4 et 68 Cod. pr. civ.).

Art. 144 — Dans les cas indiqués dans les trois articles précédents, la citation produit son effet, lorsque le demandeur a rempli les formalités à lui imposées.

Dans les mêmes cas l'autorité judiciaire, s'il y a un ministère public près d'elle, ne peut, sans l'avoir entendu, rendre jugement par défaut.

Art. 145. — La citation est nulle :

1° S'il manque une des signatures requises par les articles 133, 134, 135 et 139 ;

2° Si, par l'inobservation des autres règles prescrites par les articles 133 et 134, il y a incertitude sur les personnes, ou sur l'objet de la demande, ou sur le délai de comparution, ou sur l'autorité judiciaire devant laquelle la cause est intentée ;

3° En cas de violation des règles prescrites par les articles 135, 136, 137, 138, 139 et 140, et concernant la personne qui doit être citée, ou celle à qui la copie doit être remise ;

4° En cas de violation des règles prescrites par les articles 140, 141, 142 et 143 concernant l'obligation d'afficher l'avis ou la copie, ou encore le dépôt ou la remise de la copie (Cod. pr. civ., article 70).

Lorsque la nullité ne concerne que la notification de l'exploit, la citation est néanmoins efficace pour empêcher toute déchéance de droit ou de délai, pourvu qu'elle soit renouvelée dans le nouveau délai qui est déterminé dans la sentence qui prononce la nullité.

Cet article suppose que l'article 134 du projet n'a pas été modifié, et que l'exploit est composé de deux parties : 1° la demande faite par le demandeur ou son mandataire ; 2° la signification de cette demande au défendeur (voir la note sous l'article 134). Relativement aux effets de la nullité de l'exploit, il fait une distinction entre la nullité provenant de l'inobservation des formes relatives à la première partie, et la nullité qui concerne l'acte de notification fait par l'huissier. Dans le premier cas, la citation ne produit aucun effet, parce que la nullité étant imputable au demandeur ou à son mandataire, il doit en supporter toutes les conséquences. Dans le second cas, la loi considère qu'il est trop grave de faire retomber sur le demandeur un dommage, souvent irréparable, provenant de la négligence ou du dol de l'huissier. Une prescription peut être sur le point d'être accomplie, le terme pour appeler d'un jugement ou pour s'opposer à l'exécution d'un acte peut être sur le point d'expirer, et avant que l'on puisse lancer une nouvelle citation, le droit sera prescrit, le terme sera échu. La loi a décidé que, dans ce cas, la citation serait efficace, pour empêcher toute déchéance de terme et de droit, à la condition qu'elle soit renouvelée dans le délai prescrit par le jugement qui en prononce la nullité.

En France, l'omission d'une des formalités prescrites par l'article 61 du Code de procédure entraîne la nullité de l'exploit.

Art. 146. — Lorsque la citation dans les formes ordinaires est extrêmement difficile, en raison du nombre des personnes à citer, le Tribunal ou la Cour peut, le Ministère public entendu, autoriser la citation par criées publiques, à la condition qu'elle soit insérée dans le journal des annonces judiciaires et dans le journal officiel du royaume, prescrire ce qui lui sera conseillé par les circonstances, et désigne, si faire se peut, quelques-uns au moins des défendeurs auxquels la citation doit être notifiée dans les formes ordinaires. Si la cause doit être portée devant un tribunal de commerce, ou devant un préteur, l'autorisation ne peut être accordée que par la Cour d'appel de laquelle dépend le tribunal de commerce, ou par le tribunal civil duquel dépend le préteur.

Il peut arriver qu'en raison du nombre d'individus à citer et des avances de frais occasionnés par ces citations, quelqu'un soit dans l'impossibilité de faire valoir ses droits en justice. L'article 146 prévoit ce cas et accorde aux magistrats le droit d'autoriser la citation par criées publiques, en prenant toutes les précautions désirables pour que les défendeurs aient connaissance de l'action intentée contre eux.

Section II. — *De l'instruction des causes.*

La juridiction cantonale étant une juridiction spéciale, doit avoir une procédure particulière, ayant une marche rapide que de nombreuses formalités ne viennent pas entraver. Mais, bien que spéciale, cette procédure n'est pas essentiellement différente de celle qui est suivie devant les tribunaux, et qui renferme des règles qui sont communes à tous les procès et à toutes les juridictions. Aussi, nous verrons que beaucoup de dispositions édictées pour les tribunaux, notamment les règles en matières de preuves, d'incidents, etc., sont suivies devant la juridiction des préteurs.

Art. 415.—Le demandeur doit, à l'audience fixée, exposer ou présenter au préteur sa demande et les titres sur lesquels il se fonde, et faire connaître sa résidence ou son domicile ou faire élection de domicile, en conformité du § 5 de l'art. 134, s'il ne l'a fait dans l'acte de citation.

Le défendeur doit, à la même audience, présenter sa défense oralement ou par écrit et faire connaître sa résidence ou son domicile, ou faire élection de domicile de la manière prescrite pour le demandeur.

Le préteur peut accorder un délai au défendeur pour présenter sa défense ou pour produire des titres (Cod. pr. civ., articles 9 et 10).

ART. 416. — Les déclarations de résidence, et les élections ou déclarations de domicile, les demandes et les moyens de défense présentés oralement, sont relatés sommairement dans le procès-verbal de la cause, lequel est signé par le préteur et le greffier, après lecture aux parties.

Lorsque les demandes ou les moyens de défense sont présentés par écrit, les écritures doivent être données à double original.

Le préteur signe les originaux et en remet un à la partie adverse. Cette disposition n'est pas applicable aux demandes présentées dans l'acte de citation (Cod. pr., art. 13).

ART. 417. — Le préteur, après avoir procédé aux actes sus-indiqués et avoir entendu les parties en personne dans leurs moyens et exceptions ultérieures, doit essayer de les concilier. Si la conciliation a lieu, il en fait dresser un procès-verbal qui sera signé par lui, par le greffier et les parties elles-mêmes.

ART. 418. — Si la conciliation n'a pas lieu, les moyens ultérieurs des parties peuvent être présentés oralement ou par écrit dans le délai fixé par le préteur, en observant les dispositions de l'article 416.

Les délais ne peuvent être prorogés qu'une seule fois.

ART. 419. — Les pièces produites par une partie sont communiquées à l'autre; le préteur appose sa signature sur la copie et l'original après que ces pièces ont été collationnées par le greffier en présence des parties.

ART. 420. — Lorsqu'on doit procéder à quelque acte d'instruction qui exige que la cause soit ajournée, on renvoie les parties à une autre audience fixe.

Le but de cet article est d'éviter aux parties les frais d'une nouvelle citation lorsqu'on doit accomplir certains actes d'instruction qui exigent que la cause soit renvoyée à un autre jour. Le renvoi de la cause à une autre audience équivaut à une citation et en produit les effets légaux.

Art. 421. — Le préteur, lorsqu'il croit la cause suffisamment instruite, ou que la partie déclare ne vouloir pas répondre, s'il ne statue pas à la même audience, fixe pour la prononciation de la sentence une des plus prochaines audiences.

Les parties doivent remettre au greffier les pièces réunies en fascicule (Cod. pr., art. 13).

D'après l'article 194 du règlement général judiciaire, la sentence doit être prononcée au plus tard à la quatrième audience.

Art. 422. — Lorsque dans sa première défense, le défendeur demande à appeler en cause un garant, le préteur accorde un délai pour le citer.

Si cette demande n'est pas faite dans la première défense, ou si la citation du garant n'a pas été faite dans le délai fixé, l'instance en garantie est séparée de la cause principale (Cod. pr., art. 32).

Art. 423. — Celui qui est intéressé dans une cause peut y intervenir jusqu'à ce que le préteur ait déterminé le jour de la prononciation de la sentence aux termes de l'art. 421.

La partie qui veut appeler en cause un tiers, auquel elle croit le procès commun, doit le déclarer à l'autre partie avant que le préteur ait fixé le jour de la prononciation de la sentence.

Le préteur fixe un délai pour la citation de ce tiers (Cod. pr., art. 339 et 340).

Art. 424. — Les faits sur lesquels une partie doit être interrogée peuvent être proposés oralement ou par écrit. Lorsque l'admissibilité de ces faits n'est pas contestée, le préteur peut ordonner à la partie qui doit être interrogée d'y répondre immédiatement.

Si l'admissibilité de ces faits est contestée et qu'ils soient présentés oralement, le préteur détermine dans la sentence d'une manière précise ceux sur lesquels on doit répondre (Cod. pr., art. 334 à 336).

L'opposition des parties sur les faits est une source féconde de procès compliqués, où la mission du juge se réduit à en constater l'existence et à les éclaircir. Pour y parvenir, le moyen le plus sûr et le plus prompt est de placer immédiatement, directement lés parties sous les yeux de leur juge ; de les obliger à exposer elles-mêmes les faits, dans leur simplicité, dans leur manière ; d'exiger qu'elles répondent de leur propre bouche, sans préparation, aux questions qui leur seront adressées ; de les interroger séparément et de les confronter ensuite. (1)

En agissant ainsi, le juge ne tarde pas à reconnaître la mauvaise foi de l'une des parties à travers ses réponses évasives, ses réticences, ses contradictions et son silence.

---

(1) Les législations de Genève et d'Italie n'ont pas admis ce singulier mode d'instruction, qu'on appelle l'*Interrogatoire sur faits et articles*. « Si jamais, dit Bellot, un législateur se propose le problème du mode le plus sûr de ne point atteindre la vérité, le Code de procédure français lui en fournira la solution au titre de l'*Interrogatoire sur faits et articles*. Pour éviter à la partie l'ennui de la publicité, l'embarras d'un contradicteur ; pour affaiblir les conséquences de ses tergiversations et la honte du mensonge ; pour lui fournir les moyens de méditer à tête reposée, de calculer ses réponses, ce Code exige qu'elle soit interrogée en secret, par un seul juge, hors de la présence de son adversaire, et que les faits sur lesquels l'interrogatoire a été requis lui soient communiqués au moins 24 heures d'avance !... »

S'il y a des cas où la comparution personnelle est éminemment utile, il y en a d'autres où elle n'offre aucun avantage, où elle n'est qu'onéreuse aux parties par la perte de temps et de travail, et par les frais de déplacement qu'elle leur occasionne. Aussi, le législateur a-t-il laissé à la prudence du magistrat le soin de voir dans quels cas une comparution personnelle peut être utilement ordonnée.

Lorsque la partie à interroger n'habite pas le canton, on ne peut l'obliger à comparaître personnellement à l'audience (voir l'article 446 ci-après), mais on peut ordonner qu'elle soit entendue dans ses déclarations par le préteur de son canton.

ART. 425. — Le serment décisoire peut être déféré par la partie en personne ou représentée par un mandataire. Le mandat doit être spécial pour cet objet, à moins que la partie ne signe l'acte par lequel le serment est déféré.

La formule du serment peut être présentée oralement ou par écrit ; la formule présentée oralement est consignée par écrit dans le procès-verbal de la cause.

Si la partie à laquelle le serment est déféré n'est pas présente, ou si elle demande un délai pour présenter des observations sur l'admissibilité ou la formule du serment, le préteur fixe, s'il en est le cas, une autre audience (Code proc., art. 121).

Il résulte du dernier paragraphe de cet article que lorsque la partie à laquelle le serment est déféré est présente, le préteur doit le lui faire prêter de suite. Quelque rapide que doive être la procédure devant le préteur, le législateur aurait dû autoriser ce magistrat à renvoyer la prestation de serment à une autre audience, parce qu'il est souvent utile d'appeler à la réflexion la partie qui doit le prêter, et de ne pas la placer brusquement entre sa conscience et la crainte de rétracter des assertions précédentes, car, comme l'a dit un jurisconsulte, la précipitation, le sentiment d'une fausse honte ont causé plus de parjures que l'intérêt même.

L'article 425 doit être combiné avec les articles 223 à 228 qui concernent la prestation de serment devant les tribunaux de première instance, articles applicables devant la juridiction cantonale, aux termes de l'article 447 (voir cet article ci-après). Nous n'appellerons l'attention des lecteurs que sur l'article 226 ; il prescrit au magistrat d'adresser à la partie qui doit prêter le serment une admonition qui lui rappelle l'importance et la sainteté de cet acte. La partie commence la prestation de serment en prononçant ces paroles : « Je juré en prenant Dieu à témoin de la vérité de ce que je déclare... » et continue à lire la formule ou à la répéter à haute voix, en observant, au reste, les rites spéciaux de la religion par elle professée. On ne saurait entourer de trop de solennités la prestation de serment, pour prévenir, autant que possible, le scandale que produit, hélas ! trop souvent la profanation de cet acte religieux.

Le Code de procédure français ne contient que deux articles sur la matière du serment (120 et 121), qui est ainsi fort peu réglementée ; aucune solennité n'entoure sa prestation. Toutefois, les juges de paix soucieux de leurs devoirs suppléent au silence de la loi et ne défèrent jamais un serment sans expliquer à la partie qui doit le prêter l'importance et la sainteté de cet acte.

Quelques-uns font plus : ils lui donnent lecture de l'article 366 du Code pénal, qui punit les faux serments, et renvoient la cause à une autre audience pour lui donner le temps de réfléchir...

ART. 426. — Les faits admis à être prouvés par témoins peuvent être présentés oralement ou par écrit. S'ils sont présentés oralement, le juge les précise (Code proc., art. 34).

ART. 427. — Lorsque la citation des témoins doit se faire dans la commune même où ils doivent être entendus, elle peut se faire verbalement, en mentionnant seulement cette citation dans le procès-verbal d'audience ; si la citation doit se faire en dehors de cette commune, elle se fait au moyen d'un billet.

La preuve testimoniale des faits a été la première, et pendant longtemps la seule en usage. Mais cette preuve, qui serait sans doute la plus simple et la meilleure, si l'on pouvait toujours compter sur l'intelligence, la mémoire, la véracité des témoins, est devenue, par la faiblesse et la malice humaine, l'une des plus périlleuses (Bellot).

En France, l'ordonnance de Moulins (1566) prohiba la preuve testimoniale et exigea la preuve littérale de toute chose excédant la somme ou valeur de 100 fr. Cette ordonnance fut modifiée par celle de 1667, qui apporta quelques tempéraments à ce qu'elle avait de trop absolu. Le Code civil français (art. 1341 et suiv.), en substituant la somme de 150 francs à celle de 100 livres, a encore restreint la preuve testimoniale, car les 150 francs du xixe siècle valent moins, en effet, que les 100 livres du xvie et xviie siècle. Partout en Europe, le besoin de restreindre cette preuve s'est fait sentir.

Chose surprenante ! l'Italie dans son Code civil (1864) a réagi contre cette tendance générale, et a admis (art. 1341) la preuve testimoniale des conventions portant sur une valeur non supérieure à 500 francs. Le législateur italien a dû, à ce qu'il paraît, tenir un grand compte de l'état de profonde ignorance dans lequel se trouvent certaines provinces italiennes et considérer que là où l'usage de l'écriture n'est pas familier, la preuve littérale, par la nécessité de recourir à une main étrangère, outre qu'elle devient onéreuse aux parties, les expose souvent aux piéges de la fraude.

Le titre que nous examinons ne renferme qu'un article concernant la preuve testimoniale; pour savoir comment cette preuve doit être faite, il faut recourir au titre IV, section IV, § 3, qui prescrit les formes à suivre en pareille matière devant les tribunaux de 1re instance, formes qui doivent aussi être suivies dans la juridiction des préteurs (voir art. 447) et dont nous allons examiner les plus importantes. Aux termes de l'art. 236 : « Ne peuvent être entendus comme témoins les parents et les alliés en droite ligne de l'une des parties, ou le conjoint même séparé du corps, sauf dans les questions d'état ou de séparation de corps entre époux, et lorsqu'ils ont été entendus on n'a aucun égard à leur déposition.—Les individus âgés de moins de 14 ans peuvent être entendus sans serment et à titre de simples renseignements. »

Les témoins ne méritent pas tous le même degré de crédibilité : il en est qui sont gravement suspects, ou par défaut d'intelligence, ou parce qu'il y a lieu de craindre que le vice, les passions, l'intérêt, ne les portent à mentir. Bien que l'appréciation de toutes ces causes dépende des circonstances, du bon sens et de l'intime conviction du juge et qu'ainsi la loi ne puisse pas avec des règles certaines déterminer la valeur de la preuve testimoniale, cependant dans toutes les législations certaines personnes ont été déclarées absolument ou relativement incapables de porter témoignage en justice. Dans certains pays on a même établi de nombreuses catégories d'exclusion : les parents et alliés jusqu'au quatrième degré et, suivant certaines législations, jusqu'au sixième degré, les domestiques et les fermiers, les maîtres, les associés, les commensaux, les débiteurs et créanciers, les parrains et filleuls, ceux qui ont manifesté leur avis sur la cause, ceux qui ont un procès avec l'une des parties, ou seulement un différend sur une question semblable, etc.

Toutes ces règles sur les exclusions et les reproches des témoins ne reposent que sur des caractères bien souvent trompeurs. Ce témoin est cousin germain de l'une des parties, mais il ne la connaît même pas ; il est son maître, son associé, son commensal, mais l'homme le plus estimé, le plus véridique ; il est son créancier ou son débiteur, mais d'une somme trop faible pour exercer la moindre influence sur l'homme le plus dépravé, etc. — A côté de ces nombreuses catégories d'exclusion, que d'intérêts et de relations ont été omis, soit par imprévoyance, soit par impossibilité de les saisir ! Le lien qu'établit l'amitié, une religion commune (dans un pays où il y en a plusieurs), l'esprit de parti, n'est-il pas souvent beaucoup plus étroit et son influence beaucoup plus forte que celui d'une parenté ou d'une alliance éloignée ?

En France, les cas de reproche sont prévus par l'article 283, Cod. pr. : ils sont fort nombreux. Le cas le plus curieux est le dernier : « Pourront être reprochés... celui qui aura été condamné à une peine afflictive ou infamante, ou même à une peine correctionnelle pour cause de vol », ou pour avoir tenu une loterie (!) non autorisée par la loi (voir art. 410 et 42 du Cod. pén.). Le législateur français oublie que les parties n'ont pas la faculté de choisir les témoins des faits qu'elles veulent prouver, et frappe non pas le condamné, mais celui qui a besoin de son témoignage. (BENTHAM — *Théorie des peines* — *livre IV. Des peines déplacées.*) La capacité de porter témoignage ne doit pas être considérée comme un droit civil, mais bien comme une obligation, un devoir, une charge que la société impose à ses membres ; c'est ainsi qu'elle a été envisagée dans l'art. 263 du Code de procédure français, qui porte des peines contre les témoins qui refusent de comparaître ou de déposer. On ne punit pas ceux qui veulent ne pas jouir de leurs droits civils !

L'art. 236 déclare incapables de témoigner en justice les parents et alliés en ligne directe et le conjoint même séparé de corps, parce que la vertu de ces personnes serait soumise à une trop dure épreuve, et que la déposition qui serait contraire à l'intérêt d'un aussi proche parent pourrait avoir les conséquences les plus funestes au bien de la famille, à la tranquillité domestique. Toutefois, on a admis deux exceptions à cette incapacité : la 1re concerne les causes où s'agitent des questions d'état ; la 2ᵉ, les causes de séparation de corps. Les faits qui donnent naissance à ces procès sont généralement difficiles à être prouvés parce qu'ils se passent dans l'intérieur des maisons et ne sont connus que des proches parents. Le législateur a dû rendre plus facile la preuve afin de ne pas rendre la justice impossible en pareille matière.

En France, la jurisprudence admet ces deux exceptions, qui ne sont cependant pas écrites dans la loi.

Suivant l'article 237 : « Les parties ont toujours le droit de présenter les motifs qui peuvent rendre suspecte la déposition d'un témoin ; ces motifs doivent être prouvés d'une manière spécifique. — Lorsque les reproches ne sont pas fondés sur un écrit, l'autorité judiciaire ne peut en autoriser la preuve par témoins que dans le cas où il y a des présomptions graves, précises et concordantes. — Si le reproche est proposé avant que l'audition du témoin reproché soit terminée, le juge peut lui demander les renseignements opportuns. — Dans tous les cas, le témoin reproché doit être entendu, sauf à l'autorité judiciaire à apprécier, comme de raison, sa déposition. » La loi ne précise pas quels sont les motifs de reproche, qui, dans l'esprit du juge, peuvent naître d'une multitude de circonstances : des qualités des témoins, de la manière dont ils ont déposé, des réponses évasives qu'ils ont faites sur certains faits, de la malveillance qu'ils ont témoignée à l'une des parties, des contradictions dans lesquelles ils sont tombés, etc.

Aux termes de l'article 238 : « Les témoins, *s'ils ne consentent pas à se présenter volontairement*, sont cités de la façon indiquée dans l'article 133, avec indication de la cause pour laquelle ils doivent comparaître sans autres formalités. » Cette disposition évite beaucoup de frais aux parties, qui, lorsque les témoins ne veulent pas se présenter volontairement, peuvent les faire citer par un billet, ce qui est très-économique.

En France, les témoins ne sont pas obligés de comparaître sur un simple billet d'avis.

L'article 243 autorise le juge à confronter les témoins après les avoir entendus dans leurs dépositions ; c'est un excellent moyen de ne plus voir se renouveler le scandale de deux enquêtes opposées et également concluantes.

D'après l'article 251 : « Celui qui a de sérieuses raisons de croire qu'un ou plusieurs témoins qui lui sont nécessaires pour faire valoir un droit ou une exception, sont sur le point de lui manquer, peut demander qu'ils soient interrogés à future mémoire. S'il y a une instance pendante, la demande est proposée au président dans la forme indiquée dans l'article 185. — S'il n'y a point de procès pendant, la demande est proposée par l'acte de citation, en voie sommaire, de la partie adverse devant l'autorité judiciaire compétente pour le fond du procès. — Le président ou l'autorité judiciaire, l'urgence reconnue, admet l'enquête demandée, si la preuve testimoniale n'est pas absolument défendue par la loi. — L'ordonnance ou la sentence sont exécutoires nonobstant opposition ou appel. — L'enquête à future mémoire n'a d'autre effet que celui de conserver la preuve. Celle-ci ne produira son effet que lorsqu'elle

sera admise définitivement. Elle ne préjudicie à aucun
des moyens qui compètent à l'autre partie pour s'opposer à l'admission définitive de la preuve, ni à la
production de preuves contraires, et n'empèche pas la
partie demanderesse de présenter d'autres témoins. —
Jusqu'à ce que la preuve soit admise définitivement,
le procès-verbal ne peut être produit dans l'instance, et
le greffier ne peut en délivrer copie sous les peines
portées par l'article 55. » (Cet article édicte contre le
greffier les peines de faux en écriture publique.)

L'enquête à future mémoire, inventée par le droit
canonique, fut adoptée un moment par la jurisprudence civile, mais elle produisit des abus si graves que
l'ordonnance de 1667 l'abrogea en France. Plus tard,
le Code de procédure a maintenu implicitement cette
abrogation. L'article 251 du Code italien ne fait pas
revivre cette enquête telle qu'elle se pratiquait alors; il
ne l'admet que pour conserver la preuve, et, songeant
aux conséquences de ce mode d'instruction, il prend
toutes les précautions désirables pour qu'il ne produise
aucun abus.

Aʀᴛ. 428. — Lorsqu'il y a lieu à expertise, le préteur fixe un
jour pour la prestation de serment de l'expert.

Si l'expert ne comparaît pas, il est cité dans la forme établie
pour les témoins, et si de nouveau il ne comparaît pas, un autre
expert est nommé.

Le préteur fait donner lecture à l'expert du procès-verbal ou
de la sentence qui a ordonné l'expertise.

Le rapport de l'expert est fait verbalement ou par écrit, suivant l'ordre du préteur, et il est présenté le jour même où
l'expertise a eu lieu, à moins que, en raison de la distance des

lieux, ou de tout autre motif, le préteur ait fixé un autre
jour (Code proc., art. 41).

Art. 429. — Lorsque dans une vue de lieux judiciaire le préteur doit être assisté d'un expert, les dispositions de l'article
précédent sont applicables.

Les règles à suivre en matière d'expertise sont écrites
dans les articles 252 et suivants de la section IV du
titre IV, chapitre Ier, *De la procédure devant les tribunaux
et les cours d'appel*. Comme elles sont presque toutes
semblables à celles du Code de procédure français,
nous n'examinerons que celles qui se différencient des
règles françaises.

Aux termes de l'article 253 : « L'expertise est faite par
un ou trois experts, ainsi que cela est déterminé par
les parties, ou ordonné par l'autorité judiciaire. — Si les
parties ne se sont pas entendues avant l'audience sur le
choix des experts, leur nomination est faite par l'ordonnance ou la sentence qui admet l'expertise. »

Le Code de procédure français et tous ceux qui l'ont
pris pour modèle posent comme règle que l'expertise
doit être faite par trois experts, et n'admettent, qu'à
titre d'exception, qu'elle puisse être faite par un seul
expert. Le Code italien n'a pas cru devoir suivre cette
voie, et a préféré, avec raison, laisser au consentement
des parties ou à la prudente appréciation du magistrat,
le soin de voir s'il suffit, pour garantir le droit contesté, de l'opération individuelle d'un seul expert, ou
s'il faut l'opération complexe d'un plus grand nombre
d'experts.

Suivant l'article 269 : « Lorsque l'autorité judiciaire

ne trouve pas dans le rapport des éléments suffisants pour la décision de la cause, elle peut ordonner aux experts de donner verbalement à l'audience des renseignements ultérieurs, ou bien ordonner une nouvelle expertise à faire par un ou plusieurs experts nommés d'office. — Les nouveaux experts peuvent demander aux premiers les explications qu'ils jugent convenables. » Entre un rapport incertain, obscur, incomplet, et un rapport insignifiant, contradictoire, absurde, il y a une grande différence ; dans le premier cas, quelques éclaircissements peuvent suffire pour le rendre clair ou complet, et il n'est pas nécessaire d'annuler l'expertise et d'en ordonner une autre, ce qui serait onéreux pour les parties ; dans le second cas, une nouvelle expertise est absolument nécessaire.

Le préteur peut même décider que le rapport sera fait verbalement à l'audience ; ce genre de rapport est heureusement employé dans les causes qui demandent une prompte solution, ou qui sont de minime valeur.

En France, les juges de paix demandent rarement aux experts des rapports écrits ; ils préfèrent les rapports oraux, qui sont moins dispendieux et qui leur permettent d'adresser aux experts toutes les questions qu'ils jugent utiles à la cause. L'idée d'entendre les experts oralement en audience publique, comme les témoins, est très-bonne. « L'expérience nous prouve, dit Bellot, toute la difficulté que les experts ont, en général, à saisir ce qui leur est demandé, et à répondre clairement par écrit. Tantôt l'emploi d'expressions impropres ou détournées de leur véritable acception, tantôt l'omission d'idées intermédiaires, rendent les rapports des experts intelligibles pour eux seuls. Leur ignorance dans l'art d'écrire, les idées vagues et confuses qu'ils ont sur le sens et la force des mots, les exposent à tous les piéges que leur tend, ou un expert plus adroit, ou le conseil même d'une partie, dans l'intérêt de celle-ci. Il n'est pas toujours facile de démêler dans un rapport l'œuvre des experts d'avec celle du conseil. »

ART. 430. — Lorsqu'on doit procéder à une vérification d'écriture, le préteur ordonne le dépôt au greffe de l'écriture à vérifier.

En France, lors de la discussion de la loi de 1838 sur les justices de paix, on proposa d'attribuer aux juges de paix la connaissance des vérifications d'écriture dans les causes de leur compétence ; mais cette proposition, vivement combattue par le garde des sceaux, ne fut pas admise. Pour la faire repousser, on a dit : 1° que si on permettait aux juges de paix de procéder à la vérification d'écriture, on ne tiendrait pas un juste compte des difficultés que ce magistrat rencontrerait pour se procurer des écritures de comparaison ; 2° que l'honneur des personnes engagées dans de semblables contestations ne devait pas être légèrement confié à la décision d'un homme seul, auquel il faudrait encore accorder le droit de condamner aux dommages-intérêts et à une amende élevée (Art. 314, Code proc.) ceux qui auraient nié leur signature; 3° que la vérification d'écriture pouvant faire découvrir un faux, il importait que cette vérification fût faite par un tribunal près duquel siége un ministère public.

Le législateur italien n'a pas été ému par ces raisons. On se demande, en effet, quelles sont les grandes difficultés que peut rencontrer un préteur pour se procurer des écritures de comparaison : elles ne sont ni plus ni moins grandes que celles que rencontre le tribunal dans la même cause. Il suffit de lui donner les pouvoirs nécessaires pour s'en procurer, et toute difficulté disparaît.

L'honneur des personnes est souvent compromis dans les autres causes soumises à ces magistrats, et l'on n'a pas amoindri leur compétence pour cela. Si celui qui nie sa signature est convaincu de mensonge, il perd son procès, non pas pour avoir nié sa signature, mais pour avoir méconnu l'obligation par lui prise, ce qui peut arriver dans beaucoup de procès.

Quant à la possibilité de découvrir un faux en vérifiant l'écriture, elle ne saurait suffire pour enlever au magistrat cantonal la connaissance de cette vérification, parce que la loi peut lui ordonner, dans le cas où il découvrirait un faux, de se dessaisir immédiatement de la cause et de la renvoyer devant l'autorité judiciaire compétente. C'est ce que prescrit l'article 431 du Code italien.

Certainement, la vérification d'écriture présente quelquefois des difficultés, mais dans beaucoup d'autres procès les investigations sont encore plus difficiles. La loi ne tient pas compte de la difficulté de la cause ou des preuves comme critérium pour déterminer la compétence, elle ne considère que l'objet de l'action et la valeur du litige. Pourquoi dévierait-elle de ce principe

dans les causes où une vérification d'écriture est nécessaire ? Enlever au préteur la compétence en pareille
matière, n'est-ce pas alimenter la mauvaise foi, fatiguer
les parties, multiplier les procès ? Un débiteur cité
devant ce magistrat en vertu d'un acte sous seing privé
l'impugnera dans l'unique but, fort souvent, de différer
le paiement de sa dette, et d'occasionner des désagré-
ments à son créancier. Le préteur renverra les parties
devant une autre juridiction, ce qui occasionnera de
nouvelles instances et des frais considérables. Si, au
contraire, il peut procéder à la vérification, le débiteur
sera moins prompt à attaquer les écrits présentés par
son adversaire, et le créancier ne sera pas obligé de
recourir à plusieurs tribunaux pour obtenir le paiement
d'une faible somme.

Les règles à suivre en matière de vérification d'écriture sont écrites dans les articles 282 et suivants, qui
sont la reproduction des articles 193 et suivants du Code
de procédure français. Trois moyens de preuve sont
admis : la preuve littérale, la preuve testimoniale et la
preuve par comparaison d'écritures. Cette dernière n'a
pas été maintenue sans difficultés. Ce genre de preuve
repose sur la supposition que chaque homme donne à
son écriture un caractère propre, et qu'on peut conclure
de la ressemblance ou de la dissemblance de plusieurs
écritures qu'elles sont ou qu'elles ne sont pas de la
même main : ce qui n'est ni sans difficulté ni sans
danger. Le métier d'expert en écritures paraît fort peu
sérieux ; aussi on a dit d'eux qu'ils étaient comme les
aruspices de l'ancienne Rome, qu'ils ne pouvaient se

regarder sans rire !... Bellot dépeint leur façon d'agir en
ces termes : «Décrire minutieusement en langage de l'art
la forme et la position des lettres, entasser puérilement
des expressions techniques, prétendre à la rigueur d'une
démonstration sans conclure, obscurcir par leurs contradictions plus qu'éclairer par leurs raisonnements...»
Ce genre de preuve est peu sûr. En effet, que de circonstances font varier chez la même personne son écriture
et sa signature ! Le genre de plume, la position de la
main, le plus ou moins d'application ou d'habitude,
l'état de santé ou de maladie, la suite des années, etc.
Ce moyen d'instruction repose, du reste, sur un argument peu concluant, l'argument *a simili et verisimili*,
qui est d'autant plus trompeur en pareille matière que
l'art de contrefaire les écritures, les signatures, a été
porté à un degré si effrayant de perfection, que toute
différence entre l'écriture véritable et l'écriture contre-
faite échappe à l'œil le plus exercé.

Le législateur italien, tout en reconnaissant le caractère très-imparfait et simplement conjectural de ce
moyen de preuve, n'a pas cru pouvoir le supprimer
sans commettre une grave imprudence. Exclure ce
moyen de preuve serait favoriser la mauvaise foi, donner
de l'audace aux faussaires en privant les tribunaux du
seul moyen qu'ils aient, dans un grand nombre de cas,
pour atteindre le crime ; on verrait se multiplier les
dénégations d'écritures lorsque des débiteurs éhontés
auraient la certitude, par le fait de la mort des témoins
de l'acte, de ne pouvoir être confondus. Il est bon que
la comparaison d'écritures existe à l'état de menace

contre ceux qui seraient tentés de nier leur signature.

AT. 431. — Lorsqu'un titre est argué de faux, le préteur se conforme aux dispositions de l'article 406. (Code de procédure, art. 14.)

Voir l'article 406 sous l'article 155.

ART. 432. — Pour la discussion des comptes, le préteur peut renvoyer les parties devant un arbitre conciliateur.

Aux termes de l'article 402, les arbitres doivent entendre les parties et les concilier si faire se peut. Si la conciliation ne peut avoir lieu, les arbitres donnent un avis motivé sur les difficultés qui divisent les parties.

ART. 433. — Lorsqu'il y a lieu de donner caution, la caution est présentée au juge, et l'acte est reçu par le greffier, sauf la disposition de l'article 331 (1).

ART. 434. — Lorsque le préteur d'un autre canton est délégué pour faire des actes d'instruction, le préteur déléguant fixe l'audience à laquelle les parties devront se présenter devant le préteur requis.

Celui-ci, sur l'instance d'une des parties, fixe le jour et l'heure pour l'exécution de l'acte après laquelle il renvoie les parties à audience fixe devant le préteur déléguant.

---

(1) ART. 331. — Lorsque le domicile, la résidence ou la demeure des parties ou de la caution est éloignée du lieu où la cause s'instruit, l'autorité judiciaire peut déléguer le greffier de la préture pour recevoir la caution, ou requérir dans ce but une autre autorité judiciaire suivant l'art. 208.

SECTION III.—*Des sentences, des ordonnances et des dépens.*

ART. 435. —Le préteur doit rendre sa décision en s'appuyant sur les originaux des procès-verbaux, sur les écritures et les titres produits par les parties.

Celles-ci ne sont pas obligées d'en demander une expédition. Le greffier doit expédier les copies ou les extraits qui lui sont demandés.

ART. 436.— La sentence doit contenir l'indication des nom et prénoms, du domicile ou de la résidence des parties, les demandes et les exceptions, les motifs et le dispositif.

Lorsque le préteur prononce comme juge commercial, l'intitulé de la sentence doit en faire mention. Toutefois, le défaut de cette mention n'annule pas la sentence, mais le greffier qui l'a signée peut être condamné à des peines disciplinaires. (Code proc., art. 141.)

ART. 437. — La sentence est signée par le préteur et prononcée par le greffier à l'audience fixée pour la prononciation.

Si toutes les parties sont présentes en personne à la prononciation, la sentence est considérée comme notifiée.

Dans tous les autres cas, la sentence est notifiée à la résidence ou au domicile dont il est parlé dans l'article 415. A défaut de déclaration de résidence ou d'élection ou de déclaration de domicile, la notification peut être faite à la porte extérieure de la préture dans laquelle la sentence a été prononcée.

Il peut se faire qu'un préteur, après avoir signé une sentence, ne puisse en faire la prononciation, qu'il soit malade, mort, changé, absent, etc. Le Code, pour éviter aux parties des frais et des lenteurs, n'a pas voulu ordonner que le procès recommencerait devant un autre

juge, ou que la prononciation et par suite l'exécution de
la sentence serait différée. Il a décidé que la sentence
serait toujours lue par le greffier. La véritable garantie
de l'authenticité d'une sentence consiste, en effet, dans
la signature du juge qui l'a rédigée, et lorsqu'elle est
signée par lui, il importe peu que ce soit lui ou le
greffier qui la prononce.

ART. 438. — Les ordonnances sont écrites de suite dans le
procès-verbal d'audience et sont prononcées comme les sentences ; cette prononciation tient lieu de notification alors même
que les parties ne comparaissent pas en personne.

Lorsqu'il s'agit d'interrogatoire ou de serment, si la partie qui
doit répondre ou prêter serment n'a pas comparu en personne,
l'ordonnance doit lui être signifiée.

ART. 439. — La liquidation des dépens auxquels les parties
sont condamnées est faite dans la sentence.

Dans la liquidation on ne doit comprendre que les vacations
nécessaires pour assister aux audiences, lesquelles auront été
admises chaque fois par le préteur, et les frais d'écritures, d'actes,
de copies, qui auront été reconnus nécessaires par ce magistrat,
qui tiendra compte de la nature de la cause et de la condition
des personnes. (Cod. pr., art. 543.)

« Si la justice est *gratuite*, dit Bellot, en ce sens que
les juges ont cessé de recevoir des parties ce salaire,
connu sous le nom d'*épices*, qui ravalait le plus noble
emploi de la société en l'assimilant aux plus bas offices,
elle est loin de l'être sous d'autres rapports. Les émolu-
ments ou salaires des officiers judiciaires, auxquels les
parties sont obligées de recourir, et les droits que le fisc
perçoit partout sur les plaideurs, forment dans tout pro-

7

cès une masse de frais ou de *dépens* que la loi met à la charge de la partie qui succombe. » (1)

Les droits que le fisc perçoit sur les procès sont censés destinés à payer les dépenses de l'administration de la justice; mais ces dépenses devraient être acquittées, non pas par les plaideurs, mais par la société sur les fonds destinés aux dépenses générales, parce que l'administration de la justice est une institution dont profitent également tous les citoyens.

« Ce serait une grave erreur de penser, dit Bellot, que l'institution des juges civils ne sert qu'aux plaideurs. Il n'est pas un seul membre de la société qui n'en éprouve le bienfait. Si son état, si celui de sa famille est assuré, si sa propriété est respectée, s'il contracte avec sûreté, s'il jouit paisiblement de l'héritage de ses pères ou des fruits de son propre travail, il en est redevable à ce pouvoir judiciaire, toujours prêt à garantir les droits, à assurer l'accomplissement des obligations, qui prévient plus encore qu'il ne réprime la tentative et jusqu'à la pensée de l'usurpation et de la fraude, et dont l'influence sera d'autant plus efficace et plus étendue que ce pouvoir sera lui-même mieux constitué.

« On a cherché à justifier les droits fiscaux, dont on accable partout les plaideurs, en les considérant comme

---

(1) Dans le Valais, les juges ne reçoivent pas de traitement de l'Etat : ils perçoivent, comme les officiers ministériels, sur chaque acte de procédure, un droit peu élevé et quelquefois fort minime. Ainsi, aux termes des articles 13 et 27 du tarif en matière civile, ils ont droit à 20 c. *à partager* avec le greffier pour chaque production de titres ou pièces quelconques.

un moyen d'écarter la chicane, comme une peine infli-
gée à la mauvaise foi qui succombe.

« Sans doute, les frais de justice élevés préviendront
plusieurs procès, éloigneront plusieurs plaideurs. Mais
quels seront ces procès, quels seront ces plaideurs? Nous
n'hésitons pas à le soutenir, plus de demandes justes
que de prétentions injustes, plus de plaideurs de bonne
foi que de plaideurs de mauvaise foi.

« Nous avons fait à Genève l'expérience de deux sys-
tèmes opposés. Avant 1798, le fisc n'apportait aucune
entrave à l'accès de la justice : jamais trésor public ne
reçut moins des plaideurs. A cet ordre de choses notre
réunion à la France substitua le règne de la fiscalité :
des droits énormes de toute espèce vinrent fondre sur
les plaideurs. Qu'on ouvre les registres de ces deux
époques, qu'on en compare les résultats, qu'on nous
dise sous lequel de ces deux régimes la chicane s'est le
plus exercée, sous lequel elle s'est déployée avec plus
d'audace et de scandale ?

« Loin que les frais contiennent, rebutent l'esprit processif, nous avons vu le plaideur, semblable au joueur
dont la fureur s'accroît en proportion de l'objet du jeu
ou du pari, s'exciter, s'animer par l'énormité même des
taxes judiciaires. Nous avons vu la prétention la plus
insignifiante, la plus puérile, devenir un procès où les
frais dépassaient dix, cent fois l'objet de la demande, et
un chétif terrain être disputé avec une telle ardeur, que
l'argent dépensé par les parties eût pu en couvrir la sur-
face. Mais si l'énormité des frais ne décourage, n'arrête
que la bonne foi, elle est toute en faveur de la mauvaise

foi dont elle assure l'impunité ; elle va à fin contraire, elle opère comme prime d'encouragement.

« Que de sagesse dans une mesure qui ferme les tribunaux à tous ceux qui ne sont pas assez riches pour se les faire ouvrir ! Que de convenance à une peine qui frappe aveuglément et sans distinction le plaideur malheureux, victime de l'obscurité de la loi ou de l'imprévoyance du législateur, et le plaideur téméraire armé de fraude et de mensonge ! Quelle admirable équité que celle qui inflige à la partie lésée elle-même la peine que l'insolvabilité de la partie coupable ne permet pas de lui faire subir !

« Nous osons croire que, pour réprimer et punir la chicane, il est des moyens plus assurés et plus justes ! »

Puisque les plaideurs ne profitent pas plus que les autres citoyens de l'institution de la justice, on ne peut, sans commettre une injustice, leur faire supporter une portion plus forte de la dépense qu'elle exige, moins encore en rejeter sur eux seuls le fardeau, et moins encore les grever en sus d'un impôt applicable à des services étrangers à l'administration de la justice. Pourquoi un individu obligé de plaider serait-il tenu de payer une part des dépenses du ministère de la guerre ou de toute autre branche de l'administration publique?

Le législateur italien, lorsqu'il a fait le Code de procédure, ne s'est nullement préoccupé des besoins financiers de la nation. Il a débarrassé la procédure de formalités dispendieuses et inutiles, simplifié la marche des procès autant que cela était compatible avec l'intérêt des plaideurs et n'a pas songé un seul instant à celui de l'Etat. Toutefois, celui-ci ne s'est pas oublié et s'est accordé, par des lois spéciales, des droits d'enregistrement, de timbre et de greffe, mais ces droits sont moins élevés qu'en France, où l'on a toujours considéré les lois de procédure comme une ressource financière, et les procès comme une matière imposable; aussi lorsque les dépenses publiques augmentent s'empresse-t-on d'élever d'un ou de deux centimes les droits d'enregistrement et de timbre.

SECTION IV° — *Du défaut.*

ART. 440. — Lorsqu'à l'audience indiquée dans la citation, le demandeur et le défendeur ne comparaissent pas, la citation est considérée comme non avenue.

Si une des parties comparaît, la cause est jugée par défaut, à moins que l'on ordonne une nouvelle citation, aux termes de l'article 442, et sauf ce qui est prescrit par l'article 381 et par la première partie de l'article 382 (1) (Cod. pr., art. 19).

---

(1) ART. 381.... Si le défendeur propose des demandes reconventionnelles, il doit les notifier au demandeur en personne.

ART. 382. — Lorsque le défendeur fait défaut et qu'il n'a pas été cité en personne, le demandeur peut, pour obtenir le résultat indiqué dans le paragraphe de l'article 474, lui faire notifier un nouvel acte de citation, avec déclaration que, faute par lui de comparaître, la cause sera continuée en son absence. — S'il y a deux ou plusieurs défendeurs, et que l'un d'eux ait été cité en personne ou qu'il comparaisse, et qu'un autre non cité en personne ne comparaisse pas, le demandeur, s'il ne renonce à l'effet de la citation contre le non-comparant, doit le faire citer de nouveau.

ART. 474. — Le défendeur qui n'a pas été cité en personne peut faire opposition aux sentences rendues par défaut. — L'opposition n'est pas admise si la citation a été renouvelée aux termes de l'article 382.

ART. 441. — Dans le cas prévu par le paragraphe de l'article 382, où deux ou plusieurs défendeurs seraient en cause, si le demandeur ne renonce pas aux fins de la citation contre les défaillants, le préteur renvoie la discussion de la cause à une autre audience.

L'ordonnance est signifiée aux défaillants dans le délai fixé par le préteur.

ART. 442. — Lorsqu'une des parties par force majeure et notoire est empéchée de comparaître au jour indiqué dans la citation, ou que le juge est informé, de quelque manière que ce soit, que le défendeur n'a pu avoir connaissance de la citation, il en ordonne une nouvelle pour un autre jour et indique le motif de cette décision dans le procès-verbal d'audience (Cod. pr., art 21).

SECTION V^e — *De l'action possessoire.*

ART. 443. — Celui qui a intenté l'action pétitoire ne peut plus intenter l'action possessoire (Cod. pr., art. 26).

ART. 444. — Lorsque l'action pétitoire est intentée, toute contestation relative à la possession pour faits postérieurs est soumise à l'autorité judiciaire devant laquelle l'action est intentée.

Toutefois, s'il s'agit d'attentat violent ou clandestin, le préteur, si le fait est prouvé, pourvoit pour la prompte réintégrande et renvoie les parties devant ladite autorité.

ART. 445. — Le défendeur au possessoire ne peut agir au pétitoire tant que la sentence n'est pas prononcée et pleinement exécutée. Lorsque l'exécution est empéchée par le fait du demandeur qui est en retard de faire liquider les condamnations obtenues, le défendeur peut, dans ce but, lui faire fixer un délai après lequel il pourra proposer sa demande.

La fixation du délai est demandée à l'autorité judiciaire devant laquelle doit s'intenter l'action pétitoire.

Le demandeur, pendant le cours de l'action possessoire, ne

peut intenter l'action pétitoire, à moins qu'il ne renonce à la procédure faite et qu'il ne paie ou consigne les dépens (Cod. pr., art. 27).

Les règles sur la procédure de cette action sont placées dans le III⁰ livre du Code. Nous ne les examinerons pas.

Section VI⁰ — *Dispositions communes aux sections précédentes.*

Art. 446. — Lorsque les parties sont représentées dans l'instance conformément au deuxième alinéa de l'article 156, le préteur peut ordonner qu'elles comparaissent en personne à l'audience par lui fixée, si elles résident dans la commune ou dans le canton, et si elles résident hors de la commune et du canton, il peut demander qu'elles soient entendues sur des faits spécifiés par le préteur du canton où elles ont leur résidence (Cod. pr., art. 119).

Art. 447. — La procédure devant les préteurs pour tout ce qui n'est pas prévu expressément par ce chapitre, est réglée par les dispositions du chapitre Ier de ce titre, et s'il s'agit de causes commerciales, par les dispositions du chapitre III du même titre, en tant que les unes et les autres sont applicables.

Toutefois, les instances suspendues sont périmées une année après le dernier acte.

Le chapitre Ier du titre dont il s'agit dans cet article traite de la procédure ordinaire devant les tribunaux civils et les cours d'appel.

Il contient des dispositions sur l'instruction des causes, les incidents, la garantie, l'intervention, les preuves, l'interrogatoire des parties, le serment, l'audition des

témoins, l'expertise, la vue de lieux, la vérification
d'écriture, la police des audiences, etc.

Le chapitre III du même titre traite de la procédure
ordinaire devant les tribunaux de commerce.

La loi, en disant, dans l'article 447, que les dispositions de ces chapitres ne doivent être appliquées qu'en
tant qu'elles sont applicables, a voulu dire que quelques-
unes d'entre elles ne pouvaient pas être mises en application et que d'autres devaient être modifiées et appropriées au caractère spécial de la procédure devant les
préteurs. Ainsi, dans le cas où ces dispositions suppose-
raient l'intervention d'un avoué ou du ministère public,
la partie de ces articles contraire au caractère de la procédure devant les préteurs, c'est-à-dire l'intervention
de l'avoué ou du ministère public, ne devrait pas être
appliquée. Supposons, par exemple, que le législateur
ait considéré comme indispensable un certain acte et
qu'il ait dit dans le chapitre Ier : *l'avoué de la partie fera
tel acte.* En pareille circonstance, *si la raison de la loi
montre la nécessité de faire cet acte devant le préteur,* il
devra être fait *par la partie* par acte de citation ou dans
les débats.

FIN.